漢字

21C 실용한자의 세계

21C 실용한자의 길잡이

왕옥지 저

이 책의 특징

- 실용한자란 서적의 성격에 따라 효율적인 학습을 위하여 국한병용의 방식을 채택함
- 국한병용을 통해 우리말의 한자어 비중을 인지시킴
- 국한병용을 통해 한자어를 우리글 속에서 자연스럽게 익히게 함
- 실용한자에 대한 흥미와 체계적인 교육을 위한 짜임
- 실용한자, 한자어, 고사성어를 통한 실용적 한자 학습의 길잡이가 됨
- 고사 성어를 통해 옛 사람들의 지혜와 철학을 배우게 함
- 여러분에게 실용한자 공부의 길잡이가 되는 동시, 유익한 벗이 될 것임

문운당

머리말

한자는 흔히 우리가 말하는 뜻글자, 표의문자(表意文字)이다. 한자는 글자의 형(形)·음(音)·뜻[훈(訓)] 3개의 요소(要素)로 구성되어 있다. 한자의 나라 중국에서는 한자의 음·뜻·형에 대한 학문이 이루어지고 있으며, 특히 한자의 형과 관련된 학문이 있는데, 한자학·문자학·중국문자학·갑골문 등으로 칭한다.

우리나라에서의 한자 공부는 이러한 학문적 기초가 되는 한자의 형·음·훈을 익히는 학습이라고 할 수 있으며, 한자 공부는 아동에서 성인에 이르기까지 학습이 이루어지고 있다. 우리나라의 옛 문화를 이해하기 위하여, 그리고 우리나라의 언어에 대한 정확한 인지를 위하여 한자교육은 소홀히 할 수 없다. 우리말을 더 잘 하고, 더 잘 이해하기 위한 교육이라고 해도 과언이 아니다. 더 나아가 한자는 동아시아 문화의 열쇠와 같은 존재이며, 동양의 세계문자이다. 정확하게 말하면 동양의 세계 서면언어이다. 그러므로 한자교육을 통해 동양의 세계화에 접근할 수 있다. 21세기 실용한자 교육의 의의(意義)는 실용 교육에 있다. 지금 우리는 한문체의 서면언어를 사용하고 있지는 않지만, 우리의 언어문화에는 한자와 관련된 어휘가 상당히 많이 녹아있다. 이러한 어휘를 소위 한자어라고 한다. 실용한자의 교육은 한문을 위한 한자 교육이 아니라, 우리의 실제 언어체계와 부합하는 한자어 교육이 절실히 필요하며, 한자어의 뿌리가 되는 한자 교육이 필요하다. 그리고 대학에서의 실용한자교육은 아동 수준의 단순한 '한자어를 위한 한자 공부'와 '한자어 공부'에 이어 보다 깊이 있는 교육을 위하여 한자교육의 중요성과 필요성·실용 한자 교육의 의의·한자에 대한 제반 기초지식 등을 간결하게 다루고 있다. 이에 대한 보다 깊이 있는 이해는 본 내용에서 하나씩 이해하도록 한다.

끝으로 이 책이 대학 교양 실용한자 공부에 좋은 벗이 되기를 비라며, 코로나19로 인하여 더욱 어려운 상황 속에서 이 책의 출판에 힘써주신 문운당의 모든 분에게 감사의 말씀 드립니다.

2021년 2월
왕옥지

목 차

목 차

實用漢字

01 한자 교육

1.1 한자 교육의 중요성 및 필요성

1) 우리나라에 있어(한자도 우리의 글자입니다)

한자(漢字)란 중국(中國) 문자(文字)로서 우리나라 문화에 큰 영향(影響)을 미쳤으며, 문자생활(文字生活)과 언어생활(言語生活)에 있어 지배적(支配的)인 수단(手段)으로 사용(使用)되어 왔다. 즉 우리나라 한국(韓國)은 유구(悠久)한 한자문화(漢字文化)의 역사(歷史)[1]를 지니고 있다. 서양문화(西洋文化)가 우리나라에 전입(轉人)되고, 또 우리나라의 한글전용정책(專用政策)에 따라 한자는 우리로부터 멀어졌고´ 우리의 일상생활(日常生活) 속 [신문(新聞)...]에서 살아졌다.

우리의 문자정책(文字政策)의 변천(變遷)을 살펴보면, 1945년(年) 이후(以後) 한자폐지(漢字廢止) 한글전용론(漢字專用論)이 몇 차례(次例) 거쳐 제기(提起)되어, 1949년 국한병용(國漢併用)[2] 이후 1957년 교육부(敎育部)는 상용한자(常用漢字) 1,300자(字)를 선정(選定)하였다.[3] 그리고 1964년 한자혼용(漢字混用)에 이어 70년부터는 공문(公文) 전체(全體) 그리고 초·중·고등학교(初·中·高等學校)의 교과서(敎科書) 등이 모두 한글화(化)되었다. 그러나 한자는 우리나라에 있어 결코 단순(單純)한 차용문자(借用文字)가 아닌 살아 있는 새로운 어휘(語彙) 생산(生産)의 바탕이 되었기 때문에, 한글전용이 제도화(制度化)되어 실천(實踐)되기는 무리가 따랐다. 교육부에서 이러한 점(點)을 감안(勘案)하여 1972년 8월(月)에 1,800여(餘) 사용한자(常用漢字)를 중등학교(中等學校) 교육(敎育)의 기초한자(基礎漢字)로 선정 공포(選定公布)했으며, 1975년에는 또 다시 국한병용으로 돌아섰다. 대략(大略) 90년대(年代)에 교재에서 국한병용이 또 살아졌다. 그리고 물론 국제정세(國際情勢)를 고려(考慮)한 부분(部分)도 있지만, 1999년 국한병용을 강화(强化)시켜

1) 한(漢)나라 무제(武帝) 때 우리나라에 한사군(漢四郡)을 설치한 후, 즉 BC.108년에 한자가 대량 전입되어, 고구려, 백제, 신라 3국을 거쳐, 그 후 지속적으로 이어지는 활발한 교류를 통해 한자가 유입되었다.
2) 우리의 한글(국어)과 한자를 함께 사용함. 우리의 문자정책(文字政策)의 하나임.
3) 사실(事實) 상용한자가 몇 글자이고, 어떠한 한자가 있느냐는 중요(重要)하지 않다.

도로(道路) 표지판(標識[4]板) 및 버스 노선안내(路線案內) 등(等)에 한자병용을 추진(推進)함에 이르렀다. 이러한 교과서(教科書)의 문자정책(文字政策) 변천(變遷)을 통(通)해 한자교육(漢字教育)의 중요성(重要性)과 필요성(必要性)을 짐작(斟酌)할 수 있다.

한글은 배우기 쉽고 쓰기가 편리(便利)하며 표음력(表音力)을 가지는 반면(反面), 어휘(語彙) 본의(本意)의 파악(把握)과 동음이어(同音異語)[5]의 구별(區別)이 쉽지 않고, 조어력(造語力 : 새로운 어휘를 만드는 힘)에 한계성(限界性)이 따르고, 이해력(理解力) 저하(低下)를 초래(招來)할 수 있다. 한편 한자는 필획(筆劃)의 복잡성(複雜性) 등(等) 학습 상(學習上)의 어려움이 따르지만 표의력(表意力), 이해력(理解力), 독서력(讀書力), 조어력(造語力), 응용력(應用力) 등 이점(利點 : 이로운 점)을 가지고 있다. 또한 우리말 어휘 중 약(約) 70% 이상(以上)이 한자어(漢字語)로 이루어져 있고, 전문용어(專門用語)를 포함(包含)하며 약(約) 90%까지 달(達)한다. 한자어에 대한 개념(概念)과 의미(意味) 파악(把握)은 국어능력(國語能力)의 향상(向上) 즉, 어휘(語彙)에 대(對)한 정확성(正確性), 이해력(理解力) 및 문장력(文章力)·사고력(思考力) 그리고 고등교육(高等教育)의 전공도서(專攻圖書)에 대한 독해력(讀解力) 등을 향상(向上)시키는 등 한자는 우리 언어생활(言語生活)과 밀접(密接)한 관계(關係)를 갖는다. 한마디로 지금도 한자는 우리나라에서 중요(重要)한 위치(位置)를 차지하고 있으며, 특(特)히 언어문화(言語文化)에 있어 한자교육(漢字教育)의 중요성(重要性)과 필요성(必要性)은 소홀(疏忽)히 할 수 없다. 옛 우리나라의 제반(諸般) 문자기록(文字記錄)이 모두 한자로 기록되어 있고, 우리나라의 언어(言語) 속에 한자 어휘의 비중(比重)이 크다는 점(點)이다.

우리나라의 옛 문화(文化)를 이해(理解)하기 위(爲)하여, 그리고 우리나라의 언어에 대한 정확(正確)한 인지(認知)를 위(爲)하여 한자교육(漢字教育)은 소홀히 할 수 없다. 우리말을 더 잘 하고, 더 잘 이해하기 위(爲)한 교육(教育)이라고 해도 과언(過言)이 아니다.

2) 동양의 세계문자, 동아시아의 세계문자, 한자

우리나라 영토(領土)의 96배(倍), 유럽 전체면적(全體面積), 러시아와 캐나다에 이어 세계(世界) 3위(位)[6]를 차지하는 나라 중국(中國)과 대만(臺灣), 홍콩, 마카오, 싱가포르 등

---

4) 알 식, 표할 지
5) 국가(國家, 國歌), 공사(工事, 公事, 公司, 公私), 적자(嫡子, 赤字), 은행(銀行, 銀杏), 검사(檢事, 檢查).
6) 미국 영토에 알래스카를 더 하면 미국이 3위를 차지함. 알래스카는 1741년 덴마크 탐험가인 비투스 조나센 베링에 의해 발견. 그 이후 러시아의 영토로 편입 되었으나, 1867년에 다시 미국에 양도되었다.

중화권(中華圈) 지역(地域)에서는 한자가 전용(專用) 언어문자(言語文字)이다. 일본(日本) 언어문자(言語文字)의 약(約) 절반(折半)을 차지하는 것도 한자이다. 한자는 일본어(日本語)에서 41%~48%를 차지하며, 가타카나와 혼용(混用)해서 오늘날까지 사용(使用)되고 있다. 북한(北韓)의 경우(境遇), 비록 한자어(漢字語)를 순수(純粹) 우리말로 바꾸어 사용하고 있지만 1964년 한자교육(漢字敎育) 부활(復活)과 함께 교육한자를 제정(制定)하고 있다. 그밖에 베트남 · 태국(泰國) · 말레이시아 · 미얀마 등 한자문화권(漢字文化圈) 국가(國家)에서 과거(過去) 한자(漢字)는 직접(直接) 또는 간접적(間接的)으로 중요(重要)한 역할(役割)을 하였으며, 지금도 중요한 위치(位置)에 있다. 이 땅에 살고 있는 중국인[화교(華僑)]의 힘, 특히 그 땅의 경제력(經濟力)을 쥐고 있는 화교(華僑)의 힘을 짐작할수 있다.

한자는 동아시아(東亞細亞) 문화(文化)의 열쇠와 같은 존재(存在)이며, 동양(東洋)의 세계문자(世界文字)다. 정확(正確)하게 말하면 동양의 세계(世界) 서면언어(書面言語)이다. 그러므로 한자교육(漢字敎育)을 통(通)해 동양(東洋)의 세계화(世界化)에 접근(接近)할 수 있다고 해도 과언(過言)이 아니다.

1.2 실용한자 교육의 의의(意義)

21C 실용한자(實用漢字) 교육(敎育)의 의의(意義)는 실용 교육에 있다. 약(約) 2천년(千年) 동안 한자를 우리나라의 서면언어(書面言語)로 사용(使用)해왔던 한자(漢字)는 뜻글자로 형(形)·음(音)·뜻[훈(訓)] 3개의 요소(要素)로 구성(構成)되어 있다. 한자 공부란 한자의 글자체, 음, 훈을 익히는 것이다. 예)

天 하늘 천　　地 땅 지　　洗 씻을 세　　手 손 수

한자로 쓰인 옛 서면언어(書面言語)는 한자 하나가 뜻을 가지므로 하나의 어휘가 된다. 그러므로 '하늘 천, 따 지, 검을 현, 누 루 황'[7]과 같이 한자 하나하나의 음과 훈을 익히는 교육방식(敎育方式)은 옛 서면언어(書面言語), 즉 한문(漢文)[8]을 위(爲)한 한자 교육이라고

7) 옛 서당에서 배우는 천자문 : 하늘 천(天), 따 지(地), 검을 현(玄), 누 루 황(黃), 집 우(宇), 집 주(宙), 넓을 홍(洪), 거칠 황(荒).......

8) 중국에서는 고문(古文)이라고 함

할 수 있다. 한문(漢文)을 배울 경우 이러한 한자교육이 필요하다. **한자교육(漢字教育)의 역할(役割)**이 과연(果然) 무엇인가에 대(對)해 살펴보면, **한자교육은 한문을 위한 교육**이며, 한문은 교양(教養)과 학문적(學問的) 성격(性格)을 두루 갖추고 있다. 교양한문(教養漢文)이란 옛 사람들의 글을 통(通)해 고인(古人)들의 정서(情緒)와 철학(哲學)을 이해하는 것이다. 즉 한문공부(漢文工夫)를 하려고 하면, 이런 방식(方式)의 한자교육(漢字교육)이 필요(必要)하다.

한자를 알면 좋겠지만 그러나 지금 우리의 실생활(實生活) 속에서 이러한 교육(教育)은 적절(適切)하지 못한 교육방식이다. 한자 쓰기도 어려운데, 훈과 음을 익혀야 하니 일반적(一般的)으로 한자공부가 어렵다는 인식(認識)이 충분(充分)히 이해(理解)가 된다. 그러므로 어렵고 적절(適切)하지 못한 이러한 교육방식은 개선(改善)되어야 한다.

1.3 21C 진정한 한자 교육은 한자어교육이다. 즉 한자어를 위한 한자교육

지금 우리는 한문체(漢文體)의 서면언어를 사용하지는 않는다. 그러나 우리의 언어문화에는 한자와 관련된 어휘가 상당(相當)히 많이 녹아있다. 이러한 어휘를 소위 **한자어(漢字語)**라고 하며, 우리말 어휘의 70% 이상(以上)을 차지한다. 그러므로 '하늘 천, 따 지'식의 교육, 즉 한자의 훈과 음을 익히는 교육이 아니라, 한자어 교육이 절실하며, 한자어의 뿌리가 되는 한자 교육이 필요하다.

洗手 세수 **教室** 교실 **時間** 시간 **空間** 공간 **世界** 세계

한자어란 한자로 쓸 수 있는 우리의 어휘를 말한다. 더욱 중요한 것은 한자어 어휘를 한자로만 써주면 바로 중국어(中國語) 어휘가 되고, 이러한 어휘는 그 수(數)가 상당(相當)히 많다. 그러므로 영어(英語) 그 다음으로 세계 언어(世界言語)의 비중(比重)을 차지하고 있는 중국어의 어휘를 익힐 수 있다. 외국어(外國語) 공부에서 어려운 학습(學習) 중(中)의 하나는 어휘와 어휘의 개념(概念)에 대한 학습이다. 그러므로 우리는 중국어 학습에 있어 유익(有益)한 점(點)이 있다. 즉 우리말 어휘의 70% 이상 차지하는 한자어는 한문에서 사용하는 어휘와는 직접적인 관련이 없고, 오히려 현대(現代) 중국어 어휘와 일치

(一致)한다. 그러므로 한문은 우리의 현실언어(現實言語)는 물론 현대중국어와도 직접적인 관련이 없고, 한문교육의 뿌리인 한자교육 역시 현실적(現實的) 언어와는 거리(距離)가 있다. 물론 우리말 어휘에서 한자어가 차지하는 비중이 매우 크기 때문에 한자를 알면 우리의 한자어 또는 중국어 학습에 도움이 되나, 현실적으로는 비효율적(非效率的)인 교육(敎育)이라 생각한다. 중국어는 한자로 이루어져 있어 중국어의 학습구조(學習構造)가 모두 한자를 바탕으로 하는 점에서는 공유(共有)의 여지(餘地)가 있으나 우리말의 한자어와 현대중국어의 어휘는 한자 하나로 이루어지는 개념(槪念)이 아닌 다음절사(多音節詞)의 개념을 갖기 때문에, 우리가 잘 알고 있듯이 한자 하나하나의 음(音)과 훈(訓)을 두루 익히는 한자공부(漢字工夫)보다는 우리의 실제(實際) 언어체계(言語體系)와 부합(符合)하는 한자어교육(漢字語敎育)이 절실(切實)히 필요(必要)하고, 또한 한자어 교육은 더 나아가 중국어학습에도 큰 도움을 준다.

이해(理解)를 돕기 위(爲)해 예(例)를 들어보면, '容'자는 '얼굴 용'으로 '容'자의 자형(字形 : 글자의 모양)을 익히고 또 '얼굴'이란 뜻을 익히고, 우리의 한자음(漢字音) '용'이란 음을 익힘으로 기본적인 하나의 한자공부가 끝난다. 그러나 '용(容)'자가 우리의 '얼굴'이란 뜻을 나타내지는 않다. 용모(容貌) 또는 용이(容易)하다의 뜻을 두루 갖는다. 그밖에, 한문의 아비 부(父), 어미 모(母) 역시 한자를 보면 그 뜻을 이해하지만, 우리의 한자어에서나 현대중국어에서나 모두 부친(父亲), 모친(母亲)이란 어휘를 사용한다는 점에서 이해할 수 있다. 단 한자의 특성(特性)을 이해하기 위한 한자 공부는 배제(排除)할 수는 없다.

[우리의 한자어, 한문체 어휘, 현대중국어 어휘 엿보기]

우리말 한자어	한문(단음절사)	현대중국어(다음절사)
부친(父親)	父(아비 부)	父親
모친(母親)	母(어미 모)	母親
의자(椅子)	椅(의나무 의)	椅子
탁자(桌子)	桌(탁자 탁)	桌子
달	月(달 월)	月亮
귀	耳(귀 이)	耳朵

한자(漢字)·한문(漢文)·현대 중국어(現代 中國語)의 차이(差異)는 즉, 한자는 중국문자(中國文字)이고, 한문은 한자로 구성(構成)된 문장(文章) 또는 글이다. 즉 고문(古文), 고대(古代)의 서면언어(書面言語)인 것이다. 한문이 곧 현대 중국어를 의미하는 것은 아니

다. 한문과 현대 중국어의 차이(差異)는, 한문은 한자 하나하나가 뜻을 갖는 단음절사(單音節詞)로 구성(構成)되어 있는 반면(反面), 현대 중국어에는 단음절사도 있지만 대체적(大體的)으로 2개(個) 혹(或)은 3개(個) 혹은 4개(個)의 한자가 결합(結合)하여 하나의 어휘가 되는 다음절사(多音節詞)로 이루어지고 있고, 이 중(中) 2음절사(二音節詞)가 특(特)히 많다. 다시 말하면, 현대중국어는 한문 체재(漢文體裁)인 단음절사에서 다음절사로 발전(發展)한 언어체계(言語體系)이다.

實用漢字

02 한자의 제반지식(諸般知識)

2.1 소리 기능이 있는 한자, 그 기능을 잃다

우리는 흔히 한자를 뜻글자 그림문자라고 한다. 어떤 사물(事物)을 그려내는 조자방식(造字方式 : 한자를 만드는 방식)의 한자인데 상형자[象[9]形字 : 형체(形體), 모양을 그린 글자]라고도 한다. 그러나 상형자(象形字) 보다 뒤에 만들어진 한자이면서도 한자의 대다수(大多數)를 차지하며 한자 수량(數量)이 가장 많은 한자, 소리 기능이 있는 한자는 뜻과 소리를 나타내는 형성자[形聲字(形+聲)]이다. 형(形)을 의부(意符 : 뜻), 성(聲)을 성부(聲符 : 소리)라고 하는데, 쉽게 말하면 즉, 형성자(形聲字)는 '형체(뜻)+소리'를 나타내는 한자이다. 한자에서 형성자(形聲字)는 약(約) 90% 이상(以上)을 차지하고 있다.

그림문자 한자, 뜻글자 한자(상형자)

山 뫼 산　水(氵) 물 수　日 해 일　月 달 월

艸(艹) 풀 초　木 나무 목　刀 칼 도　手(扌) 손 수

'형체(뜻)+소리'의 한자(형성자)

桐 오동나무 **동** → 木 (형체, 뜻, '나무' 종류) + 同 (소리. 이 글자의 음은 **동**)

花 꽃 **화** → 艹 (형체, 뜻. '풀' 종류) + 化 (소리. 이 글자의 음은 **화**)

江 강 **강** → 氵 (형체, 뜻. '물' 종류) + 工 (소리. 이 글자의 음은 **공**)

9) 코끼리 상. 모양, 그림 상.

打 칠 타 → 扌 (형체, 뜻, '손'으로 하는 동작) + 丁 (소리, 이 글자의 음은 정)

한자의 90% 이상을 차지하는 형성자의 원래 조자원리(造字原理 : 글자를 만드는 원리)는 사물의 형체(뜻)와 이 한자의 음을 나타내는 기능을 가지고 있다. 그렇다면 90% 이상의 한자는 소리를 나타내는 문자라고 할 수 있으나, 한자가 수천 년(數千年) 동안 흐르고 흘러 시공간적(時空間的)으로 전파(傳播)되다보니, 한자의 자체적(自體的) 문제(問題)와 어음(語音)의 분화(分化)·변천(變遷)에 의(依)하여 소리를 나타내는 성부(聲符), 편방(偏旁)의 음은 이미 오래 전(前)부터 정확성(正確性)을 잃어버렸으며, 한자의 음(音)이 변화(變化)를 거쳐 형성자(形聲字) 한자(漢字)의 음(音)과 이 형성자 성부(聲符)의 음(音)이 일치(一致)하지 않는 양상(樣相)을 보이게 되었다. 한마디로 많은 형성자의 성부는 그 기능(機能)을 상실(喪失)하였다. 그러므로 한자는 뜻을 나타내는 뜻글자 또는 표의문자[表意文字 : 의미(意味)를 나타내는 문자]라고 한다.

위에서 예(例)로 들어본 형성자 4개 중 2개가 우리의 한자음(漢字音)에서도 중국 음(音)에서도 음(音), 즉 소리가 일치(一致)하지 않고, 형성자(形聲자)에서의 음 기능(音 技能)이 상실(喪失)되었다.

2.2 한자 '부수'의 중요성

한자의 '부수(部首)'란, 부수(部首)의 기능(技能)이란 쉽게 말하면, 대체(大體)로 한자의 형체(形體), 모양, 뜻을 나타내는 한자 또는 추상적(抽象的)인 부호(符號)로, 많고 많은 방대(龐大)한 분량(分量)의 한자를 분류(分類)하고, 한자를 쉽게 용이(容易)하게 찾기 위한 용도(用途)로 만들어졌다. 오랜 시간(時間)을 거쳐 대량(大量)의 한자가 만들어진 후(後), 한자를 분류하고, 한자 찾기에 유용(有用)한 '부수'가 만들어진다. 한자 '부수'의 중요성이 여기에 있다.

한 마디로 '부수'를 알면 한자가 보인다. 그러나 '부수'란 한 눈에 보이는 것은 아니다. 한자에서 어떤 부분(部分)이 부수인지를 익히는 학습(學習)이 필요하고, 한자 또는 중국어 사전(辭典, 詞典) 앞머리에 수록(收錄)되어 있는 한자 부수를 가지고 부수를 공부하면

당연(當然)히 도움이 많이 된다. 그러나 시간적(時間的) 문제(問題)가 따르므로, 이러한 교육과정(教育課程)은 일반적(一般的)으로 이루어지지 않는다. 이에 대하여 쉽게 말하면, 형성자 구성(構成)에 있어 형체, 모양, 뜻을 나타내는 형부 또는 추상적(抽象的)인 부호(符號) 또는 특정(特定) 한자가 부수가 된다.

부수는 대체(大體)로 사물(事物)을 그린 한자(상형자)와 추상적(抽象的) 개념(概念)의 부호(符號) 그리고 기타 소수(少數) 특정 한자로 이루어지고, 부수의 위치는 한자 구성에 있어 왼쪽·오른 쪽·위쪽·아래쪽에 위치한다. 왼쪽과 오른쪽 부수를 또 편방(偏旁)이라고 한다.

부수를 알면 한자가 보인다는 말과 같이 한자의 부수를 통해 이 한자가 무엇과 관련(關聯)된 한자인지를 인지(認知)할 수 있다. 쇠 금(金) 부수의 한자는 금속 물과, 물 수(水, 氵) 부수의 한자는 물과, 나무 목(木) 부수의 한자는 나무와 관련된 한자임을 파악(把握)할 수 있다. 이런 식으로 글자를 무궁무진하게 만들 수 있어 형성자가 한자의 90% 이상을 차지한다.

부수의 위치 : 부수는 대체로 좌측(左側) 부수가 많다. 좌측 부수이외 상측(上側: 위쪽), 하측(下側: 아래쪽) 부수도 있다.

2.3 주요 부수로 배우는 실용 한자

1) 인체(人體)의 다양(多樣)한 모습을 그대로 그려낸 한자 부수(상형자)

사람 인(人, 亻) : 사람의 옆모습을 그린 한자. 부수로 '人'을 사용 한 한자는 극소수(極少數)이고, 대부분(大部分) 한자에서는 부수로 '亻'이 사용(使用)된다.

큰 대(大) : 사람이 양(兩) 팔과 양 다리를 벌리고 서 있는 모양(模樣)을 본떠 만든 한자. 신체(身體)가 신장(伸長)하는 최대(最大)의 범위(範圍)를 나타냄.

아들 자(子) : 포대(布袋), 포대기에 싸여 있는 영아(嬰兒)의 모습을 본뜬 한자.

계집 녀(여 女) : 여인(女人)이 두 손을 모으고 무릎 꿇고 있는 모습을 본뜬 한자.

손 수(手, 扌) : 다섯 손가락을 펼친 손 모양을 본뜬 한자.

발 족(足) : 무릎에서 발뒤꿈치까지의 모양을 본뜬 한자.

입 구(口) : 입 모양을 본뜬 한자.

눈 목(目) : 눈 모양을 그대로 본뜬 한자.

귀 이(耳) : 귀의 모양을 본뜬 한자.

코 비(鼻) : 원래는 자기 '자(自)'자가 코 모양을 본떠 만든 한자로, 원래는 코란 뜻을 가졌으나, 그 후, 자신(自身)의 뜻으로 사용되었고, 코의 한자가 다시 만들어졌다.

이 치(齒) : 입 안에 치아(齒牙)의 모양을 본뜬 한자.

고기 육(肉, 月) : 짐승이나 새에서 베어낸 고기 덩어리를 본뜬 한자.

마음 심(心, 忄) : 사람의 심장(心臟) 모양을 본뜬 한자.

2) 자연(自然), 사물(事物)을 그대로 그려낸 한자 부수(상형자)

메 산(山) : 산의 모습을 본뜬 한자.

물 수(水, 氵) : 물이 흐르는 모습을 본뜬 한자. 부수로 사용되는 것은 氵

해 일(日) : 해의 모습을 본뜬 한자.

달 월(月) : 초승달의 모습을 본뜬 한자.

비 우(雨) : 하늘에서 비가 내리는 모양을 본뜬 한자.

나무 목(木) : 잎이 없는 나무를 본뜬 한자.

풀 초(艸, ++) : 풀이 여기저기 돋아나 있는 모양을 본뜬 한자. 풀과 꽃 등 식물(植物)관련 한자 부수로만 사용.

쇠 금(金), 성 김(金) : ① 청동기의 주조를 위하여 만든 거푸집의 모양을 본뜬 한자. ② 全자에 좌우(左右) 두개의 점(點)은 흙 속에 묻혀 있는 반짝이는 '금속 물(金屬物)'을 나타낸 한자.

임금 왕(王, 玉) : 중국 고대(古代) 권력(權力)을 상징(象徵)하는 도끼 등 무기(武器)의 모양을 본뜬 한자.

옥 옥(玉, 王) : 옥으로 만든 둥근 구슬 3개를 실로 꿰어 'ㅣ'로 놓은 모양을 본뜬 한자.

새 조(鳥) : 새 모양을 본뜬 한자.

물고기 어(魚) : 물고기의 모양을 본뜬 한자.

조개 패(貝) : 조개가 입을 벌리고 있는 모양을 본뜬 한자.

소 우(牛) : 뿔이 난 소의 머리를 본뜬 한자.

양 양(羊) : 뿔이 난 양의 머리를 본뜬 한자.

개 견(犬) : 꼬리를 위로 감아올린 개의 모습을 본뜬 한자.

말 마(馬) : 긴 갈기가 있는 말의 모양을 본뜬 한자.

벌레 충(虫) : 벌레의 모양을 본뜬 한자. 한자의 부수로만 사용. 벌레 충자는 蟲

칼 도(刀, 刂) : 중국의 칼 모양을 본뜬 한자.

문 문(門) : 좌우(左右) 양(兩)쪽에 문이 달려 있는 문의 모양을 본뜬 한자.

밭 전(田) : 논과 밭을 본뜬 한자.

수레 거(車) : 수레의 바퀴 모양을 본뜬 한자.

3) 추상적 개념을 부호(一, 丶 등)로 나타낸 부수

위 상(上) : 一 선 위에 점을 부가해서 위를 나타낸 추상적 개념의 한자.

아래 하(下) : 一 선 아래에 점을 부가해서 아래를 나타낸 추상적 개념의 한자.

2.4 한자의 특성과 역할(공통어)

한자(漢字)의 성격(性格)이나 특성(特性)에 대하여 앞에서 이미 살펴본 바와 같이, 표의력(表意力), 이해력(理解力), 독서력(讀書力), 조어력(造語力), 응용력(應用力) 등 이점(利點 : 이로운 점)을 가지고 있다. 우리의 한자어에 대한 개념(槪念)과 의미(意味) 파악(把握)은 우리의 국어능력(國語能力)을 향상(向上)시킨다. 정확(正確)한 어휘(語彙)에 대(對)한 이해력(理解力)과 문장력(文章力)·사고력(思考力), 고등교육(高等敎育)의 전공도서(專攻圖書)에 대한 독해력(讀解力) 등을 향상(向上)시킨다.

특(特)히 한자는 동양(東洋)의 세계문자(世界文字), 동양(東洋)의 세계(世界) 서면언어(書面言語)이며, 동양의 공통어(共通語) 역할(役割)을 하는 점(點)이 큰 장점(長點)이다. 각(各) 지역(地域) 언어(言語)의 차이(差異)로, 각자(各自)의 말로는 언어적(言語的) 소통(疏通)을 할 수 없다. 그러나 한자를 사용하면 언어(言語)의 소통(疏通) 문제(問題)가 다소(多少) 해결(解決)될 수 있다. 한마디로 한자로 필담(筆談 : 글을 써서 대화를 나눔)을 나눌 수 있다.

중국은 옛날에도 지금도 방언(方言)이 많고, 언어(言語)의 복잡성(複雜性)을 띤다. 남방(南方)과 북방(北方)의 방언 차별(差別)은 한마디로 그야말로 서로에게는 외국어(外國語) 수준(水準)의 언어이다. 같은 북쪽이나 남쪽이라고 방언 간(方言 間)의 차이(差異)는 외국어처럼 알아들을 수가 없다. 특히 표준어(標準語)가 제정(制定)이 안 되어 있고, 교통(交通)이 불편(不便)하고, 사람들 사이에 왕래(往來)가 적었던 옛날의 중국(中國), 다민족(多民族)으로 구성(構成)된 중국, 거대(巨大)한 나라 중국에 있어서는, 한자는 공통어(共通語)의 역할(役割)을 다 하였다. 중국을 통일국가(統一國家)로 지켜준 것이 바로 한자(漢字)이며, 한자는 중국의 정수(精髓 : 뼈 속에 있는 골수, 가장 뛰어나고 중요한 것)이다.

2.5 한자의 조자원리

한자를 만드는 원리, 즉 한자의 조자원리(造字原理)는 '육서(六書 : 한자의 6가지 구조)'이다. 그러나 육서에 의(依)하여 한자가 창제(創製)된 것은 아니다. 쉽게 말하면, 길고 긴 시간(時間)과 넓은 지역(地域)을 거쳐 한자(漢字)가 만들어지고, 후세(後世)에 이르러 사람들은 한자를 분석하기 시작한다. 그리고 한자가 형성(形成)된 원칙(原則)을 6가지로 구분(區分)하였고, 이것을 '육서(六書)'라고 칭(稱)했다.

육서(六書), 한자의 6가지 조자원리는 상형(象形)·지사(指事)·형성(形聲)·회의(會意)·전주(轉注)·가차(假借)이다.

상형(象形) : 자연(自然)과 사물(事物)의 모양(模樣)을 본떠 만든 한자, 상형문자(象形文字)이다. 문(文) = 초기단계의 한자

日 (해 일)

月 (달 월)

木 (나무 목)

刀 (칼 도)

인체(人體)의 모습을 볼떠 만든 한자는 생략함.

지사(指事) : 추상적(抽象的)인 개념(槪念)을 기호(記號)와 부호(符號)로 나타내는 한자. 문(文)

上 (위 상)

下 (아래 하)

末 (끝 말 : 나무 목자 위에 지시부호를 그어 나무의 끝인 末자가 됨)

本 (밑 본 : 나무 목자 아래 지시부호를 넣어 뿌리의 뜻인 本자가 됨.)

刃 (칼날 인 : 칼 도자에 점을 찍어 칼날의 뜻인 刃자가 됨.)

회의(會意) : 뜻을 지닌 2개 이상의 한자를 합(合)한 한자. 문(文 : 뜻) + 문(文 : 뜻) = 자(字) = 문에서 발전된 한자.

仙 (신선 선 : 人 + 山 산에 사는 사람)

休 (쉴 휴 : 人 + 木 사람이 나무에 기대어 쉬는 모양)

信 (믿을 신 : 人 + 言 사람의 말은 믿음이 있어야 한다는 뜻)

林 (수풀 림 : 木 + 木. 평평한 땅에 나무가 많이 있는 것)

森 (나무 빽빽할 심 : 木 + 木 + 木. 林보다 나무가 더 많은 것)

형성(形聲) : 뜻과 소리를 나타내는 2개의 한자로 합(合)한 한자. 문(文 : 형) + 문(文 : 소리) = 자(字). 形(뜻)을 나타내는 문+聲(음)을 나타내는 문.

江 (강 강 : 중국의 양자강. 물의 종류 중 강)

河 (강 하 : 중국의 황하. 물의 종류 중 하)

海 (바다 해 : 물의 종류 바다)

銀 (은 은 : 금속 물 중 은)

銅 (구리 동 : 금속 물 중 구리)

➲ 전주(轉注) : 정설(定說)이 없고, 설(說)이 분분(紛紛)하지만, 2개의 한자가 같은 부수(部首)에 속(屬)하고, 뜻도 같아 서로 훈(訓)을 할 수 있는 한자를 말한다. = 활용단계의 한자

老 (늙은이 로, 노. 考이다)

考 (고, 老이다. 老의 생략형(省略型)을 따르며, 丂소리이다)

➲ 가차(假借) : 한자가 없는 언어(言語)에 음(音)이 같은 한자를 빌려 사용(使用)한 한자. = 활용단계의 한자.

鳳 (봉새 봉. 상형자)

봉황이 나르면 새들이 떼를 지어 따라간다는 의미(意味)에서 붕당(朋黨)의

朋 (벗 붕)

붕으로 가차해서 무리, 떼의 뜻으로도 사용.

새가 둥우리에 있는 모양(模樣)을 본뜬 한자. 해가 서산(西山)에 지면, 새가 둥지로 돌아간다는 의미에서 동서(東西)의

西(서녘 서)

서로 가차해서 사용.

2.6 한자의 기원과 역사 그리고 창제자

문자(文字)는 글자다. 그러나 '문(文)'과 '자(字)'는 각자의 의미를 갖는다. 한자의 조자 원리 '육서'를 통해 한자의 진화과정(進化過程)을 짐작(斟酌)할 수 있는데, 한자는 '문'에서 '자'로 진화되었다. 최초(最初)에 만들어진 한자는 사물을 그대로 본뜬 '상형'과 추상적 개념을 부호로 나타낸 '지사'이며, 상형과 지사를 '문'이라고 한다. 즉 문(文)은 초기단계의 한자이다. 이러한 '문'을 결합하여 '회의'와 '형성'으로 진화하여 한자가 만들어졌다. 즉 문(文) + 문(文) = 자(字)이며, 자(字)는 문(文)에서 발전된 한자이다. 이것이 문자(文字)란 어휘가 갖는 의미이다. 그러므로 세종대왕(世宗大王)이 창제(創製)한 우리의 한글과 달리 한자의 창제(創製)는 특정(特定) 한 사람에 의해 만들어진 것이 아니고, 특정(特定) 시대(時代), 특정 지역(地域)에서 만들어진 것도 아니다. 한자는 길고 긴 시간(時間)을 거쳐 여러 지역에서 여러 사람들에 의하여 만들어졌다고 할 수 있다.

결국(結局) 한자의 최초(最初) 창제자(創製者)는 누구인가? 지금도 이에 대한 실마리를 풀 수 없다. 여러 전설(傳說), 문자기록(文字記錄) 중 하나는 창힐(蒼頡)이 문자(한자)를 만들었다고 한다. 창힐(蒼頡)은 중국(中國) 전설(傳說) 속의 제왕(帝王) 황제(黃帝)의 사관(史官) 설(說)과 '고대(古代)의 제왕' 설이 있다. 즉 지금으로부터 약 5,000년(年) 이전(以前)의 인물(人物)로 전(傳)한다. 비록 아직은 전설 속의 인물이고, 후세(後世) 사람들에 의하여 가공(加工)된 부분(部分)도 다소(多少) 존재(存在) 하며, 역사(歷史)로 보기에 힘든 이야기이다. 그렇다고 완전(完全) 허구(虛構)로 볼 수는 없으며, 원시인류사회(原始人類社會)가 존재하였다는 사실(事實)은 부정할 수는 없다. 그러므로 한자의 기원(起源)은 5,000년 이전으로 거슬러 올라 갈 수 있으며, 한자는 5,000년의 역사(歷史)를 갖는다고 할 수 있다. 또는 5,000년 이상(以上)으로 볼 수 있는 문자기록도 있다.

19세기(世紀) 말(末), 약 3,000년~3,500년 이전의 중국 상(은)[商(殷)] 왕조(王朝)의 유물(遺物)이 대량(大量)으로 발견되므로, 상 왕조는 '전설 속의 나라'가 아닌 '실존(實存)의 나라'로 입증(立證)되었다. 이 유물이 바로 '갑골문(甲骨文)'이다. '갑골문'은 거북의 등껍질과 짐승 뼈에 새겨진 문자, 약 3,000년~3,500년 이전의 한자이다. 그러므로 한자는 최소(最小)한 3,500년의 역사를 갖는다. 갑골문에는 형성자(형+음)가 약 20% 정도 차지한다는 학설(學說)에 의하면, 상(은) 왕조의 한자는 초기단계(初期段階)의 한자로 볼 수 있으며, 상(은) 왕조 이후 지속적(持續的)으로 한자는 만들어졌다. 지금도 중국에서는 '갑골문(甲骨文)' 발굴 작업(發掘 作業)과 '갑골문(甲骨文)'에 대한 연구(研究)가 계속(繼續)되고 있다.

2.7 시공간적 특징을 갖는 한자, 한자를 통일시킨 진시황

중국의 문자 한자는 적어도 3,500년 이상의 문자 역사를 통해 중국 각 지(各 地)에서 통용(通用)되었다. 길고 긴 세월(歲月)을 통(通)해 광범위(廣範圍)한 지역(地域)에서 두루 사용된 한자는 시·공간적(時空間的) 특징(特徵)을 갖는다. 그러므로 한자의 글자체는 그 변천사(變遷史)가 있고, 한자에 대한 한문(學問)도 형성(形成)하였으며, 문자학(文字學), 중국문자학(中國文字學) 또는 한자학(漢字學)이라고 하며, '갑골문(甲骨文)'에 대한 학문도 별도(別途)로 이루어지고 있다.

또한 한자의 글자체는 시대(時代)와 왕조(王朝)에 따라 달리하고 있다. 한자 글자체의 변천(變遷)을 간략(簡略)하게 살펴보면 금문(金文)[10]·예서(隸書)[11]·대전(大篆)[12]·소전(小篆)[13]·해서(楷書)[14]·초서(草書)와 행서(行書)가 있다. 한자의 서체(書體)로는 예서·대전·소전·해서가 있고, 초서와 행서는 해서와 동시대(同時代)에 사용되었지만, 한자체(漢字體)의 범주(範疇) 속에는 들어가지 않는다. 즉 한자체의 성격(性格)을 갖지 않는다. 초서는 사용상(使用上) 편의(便宜)를 추구(追求)한 흘림체로 날려 쓰는 한자이다. 금속 문물(文物)에 새겨진 한자인 금문(金文)이외(以外) 죽간(竹簡)과 백서(帛書)[15] 등이 있다.

진시황(秦始皇)이 중국(中國)을 통일(統一)하기 이전(以前), 전국시대(戰國時代) 서방(西方)에 위치(位置)한 진(秦)나라에서는 대전(大篆)을 사용(使用)한 반면(反面), 기타(其他) 동방육국(東方六國)에서는 각기 다른 한자체를 사용하였다. 그밖에 사람마다 한자를 만들어 각자(各自)의 한자를 사용하기도 하여, 문자(文字)의 통일(統一)이 절실(切實)하였다. 시황제(始皇帝) 진시황(秦始皇)은 불로초(不老草), 분서갱유(焚書坑儒), 만리장성(萬里長城) 등(等)으로 중국 폭군(暴君)의 대명사(代名詞)로 알려지고 있으며, 진시황의 나라 진(秦 : 기원전 221년 ~ 기원전 207년)나라는 불과(不過) 20년도 채 안 되는 역사(歷史)

---

10) 중국 고대(古代) 왕조인 은상(殷商 : 기원전 16세기~ 기원전 11세기)에서 춘추전국시대(春秋戰國時代 : 기원전 770년~기원전 221년)까지 약 1,200여 년 동안 각 종의 청동기물(靑銅器物)에 새겨진 한자임.

11) 일반적으로 전국시대 서부지역(西部地域)에 위치한 진(秦) 나라(진시황 아버지 및 선조의 나라)에서 행정업무(行政業務)를 효율적(效率的)으로 처리(處理)하기 위(爲)해 속기(速記) 용도(用途)로 사용하면서 형성(形成)되어, 유방(劉邦)의 나라 한(漢 : 기원전 202년~서기 220년) 나라에 와서 공식 서체(公式 書體)로 사용됨.

12) 일반적으로 전국시대 서부지역(西部地域)에 위치한 진(秦)나라에서 유행했던 문자로 본다.

13) 진시황(秦始皇 : 기원전 221년 ~ 기원전 207년)이 중국을 통일(統一)한 후, 원래 진나라에서 사용해 왔던 대전체의 한자를 개량(改良)하여 만든 한자체(漢字體)이며, 진시황이 문자통일(文字統一)의 표준 자체(標準字體)로 삼은 한자체이다.

14) 한나라의 공식 서체인 예서에서 변화된 한자체이고, 현재 우리가 쓰고 있는 서체이다.

15) 대나무 조각과 흰 명주에 쓴 한자를 죽간과 백서라고 한다.

를 갖지만, 그러나 진시황은 현재(現在) 성공(成功)한 인물(人物)이 되었다. 만리장성하면 중국, 만리장성하면 진시황, 즉 진시황은 세계적(世界的)인 인물로 우리 곁에 남아있다. 한편 진시황은 중국을 통일한 후, 짧은 '나라의 역사'에도 불구하고 많은 공적(功績)을 세운다. '세계(世界)에서 가장 긴 무덤'인 만리장성은 오랜 세월, 많고 많은 백성(百姓)들의 희생(犧牲)으로 건축(建築)되었다. 그러므로 백성들을 위한 정치(政治)를 하지 않았음을 짐작할 수 있다. 그러나 지금의 만리장성은 진시황이 중국에 남긴 값진 산물(産物)이다. 진시황은 중국을 통일시켰을 뿐만 아니라, 화폐(貨幣)와 도량(度量) 등을 통일하고, 황무지(荒蕪地) 개간(開墾)을 장려(獎勵)하고 소농(小農)을 보호(保護)하고, 토지매매(土地買賣)의 자유화(自由化) 등을 단행(端行)하므로 진 왕조의 경제(經濟)와 산업(産業)을 발전(發展)시켰다. 특히 소전체(小篆體)로 문자통일(文字統一), 한자의 글자체를 통일시켜, 전국(全國)으로 통용(通用)하도록 하므로, 각 지역(各 地域)의 문화교류(文化交流)가 활발(活潑)해졌다고 전(傳)한다.

2.8 한자의 명명 배경(命名 背景)

한자(漢字)라는 어휘(語彙)가 갖는 의미(意味)는 중국(中國) 한(漢, BC.202~AD.220)나라 왕조(王朝)의 문자(文字)다란 뜻이다. 진시황(秦始皇)의 나라, 진(秦)나라(BC.221~BC.206)는 중국 최초의 통일국가(統一國家)이며, 한자의 글자체를 통일(統一)시킨 왕조이다. 그러나 진시황은 역사상(歷史上) 폭군(暴君)의 대명사(代名詞)이기도 하지만, 시황제(始皇帝) 나라의 역사는 불과(不過) 20년이 채 안 되는 반면, 진(秦) 이후(以後)의 왕조(王朝)인 한(漢)나라는 중국을 통일하고 400여 년이 역사(歷史)를 지속(持續), 발전(發展)을 거듭하여 통일국가의 진면목(眞面目)을 갖추게 된다. 때문에 중국은 한나라를 기준(基準)으로 중국의 글자를 한자(漢字), 한자로 이루어진 글을 한문(漢文), 중국의 순수민족(純粹民族)을 한족(漢族)이라고 칭(稱)한다. 한자의 명명(命名) 배경(背景)은 이와 같고, 이렇게 유래(由來)되었다.

2.9 지금의 한자체(우리나라, 중국, 대만, 일본)

지금 한자 사용에 있어 한자의 글자체의 차이가 다소(多少) 있다. 쉽게 말하면, 중국(中國)은 1949년에 공산화(共産化)가 된 후, 문자개혁정책(文字改革政策)의 일환(一環)으로 일본(日本)에서 사용하는 한자 약자(略字)처럼 일부(一部) 한자의 필획(筆劃) 또는 자형(字形)을 간략화(簡略化)하였다. 이것이 간체자(簡體字)이다. 한글워드 글꼴에 신명조간자와 신명조약자가 바로 중국간자와 일본약자이다. 대만(臺灣)에서 사용하고 있는 한자는 전통(傳統) 한자로 상대적(相對的)으로 번체자(繁體字) 또는 정자(正字)라고 하는데, 우리나라 한국(韓國)에서 사용하는 한자와 대동소이(大同小異)하다.

그러나 모든 한자에 대하여 중국과 일본이 간체자 한자와 약자 한자를 만들어 사용하는 것이 아니다. 한자에서 간체자 또는 약자의 수(數)는 극(極)히 일부(一部)에 불과(不過)하다. 대부분(大部分)의 한자는 전통 한자, 즉 원래(原來)의 한자를 그대로 사용한다. 번체자, 간체자, 약자 중 하나를 알고 있으면, 다른 것을 익히는데 힘들지 않다.

[주요 번 · 간체자 대조 : 글자]

車(车)	貝(贝)	見(见)	頁(页)	風(风)
魚(鱼)	車(车)	鳥(鸟)	麥(麦)	龜(龟)
齒(齿)	馬(马)	龍(龙)	鹵(卤)	韋(韦)
學(学)	習(习)	審(审)	號(号)	聲(声)

[주요 번 · 간체자 대조 : 글자 또는 편방(부수)]

<table>
<tr><td>食(食)</td><td>飯(饭)</td><td>金(金)</td><td>銀(银)</td><td>門(门)</td><td>間(间)</td><td>開(开)</td><td>言(言)</td><td>語(语)</td></tr>
<tr><td colspan="2">這(这)</td><td>紀(纪)</td><td>線(线)</td><td colspan="2">緊(紧)</td><td>體(体)</td><td colspan="2">燒(烧)</td></tr>
<tr><td colspan="2">場(场)</td><td>將(将)</td><td>牆(墙)</td><td colspan="2">點(点)</td><td colspan="3"></td></tr>
</table>

[우리나라, 중국, 대만, 일본의 실용 한자어 배우기]

	한국	중국	대만	일본
학교	學校	学校	學校	学校
도서관	圖書館	图书馆	圖書館	図書館
운동장	運動場	运动场	運動場	運動場

實用漢字 03

사물을 그린 실용한자 배우기

상형자(象形字) : 부수(部首)로도 사용(使用)됨

한자의 쓰기 필순 및 방법 : 한자를 쓰면서 배우는 것이 가장 정확하나, 이에 대해 간략하게 핵심만 설명한다면 아래와 같다.

필순 : 대체로 좌 → 우, 상 → 하, 경우에 따라 우 → 좌.

방법 : '붓'으로 쓰는데 의미가 있다. 굵기가 같은 필획도 있으나, 한 필획에 굵고 가늘고, 즉 힘을 주고 안 주는 필획. 그리고 점 등 기타 여러 방법이 있다.

3.1 인체(人體) 모습을 다양(多樣)하게 그려낸 한자. 상형(象形)

人 사람 인

사람의 옆모습을 그린 한자.

필순: 丿 人

초기한자의 변천과정

人	人	人							

大 큰 대

사람이 양 팔과 양 다리를 벌리고 서 있는 모양을 본떠 만든 한자. 신체(身體)가 신장(伸長)하는 최대(最大)의 범위(範圍)를 나타냄.

필순: 一 ナ 大

초기한자의 변천과정

大	大	大							

子 아들 자

포대기에 싸여 있는 영아(嬰兒)의 모습을 본뜬 한자.

필순: ㇇ 了 子

초기한자의 변천과정

子	子	子							

女	여인(女人)이 두 손을 모으고 무릎 꿇고 있는 모습을 본뜬 한자. 필순  초기한자의 변천과정 
계집 녀	

女	女	女							

手	다섯 손가락을 펼친 손 모양(模樣)을 본뜬 한자. 필순 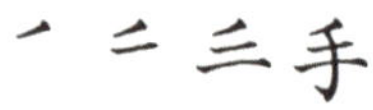 초기한자의 변천과정 
손 수	

手	手	手							

足	무릎에서 발뒤꿈치까지의 모양을 본뜬 한자. 필순  초기한자의 변천과정 
발 족	

足	足	足							

口	입 모양을 본뜬 한자. 필순  초기한자의 변천과정 
입 구	

口	口	口							

目	눈 모양을 그대로 본뜬 한자. 필순  초기한자의 변천과정 
눈 목	

目	目	目							

耳
귀 이

귀의 모양을 본뜬 한자.

필순 

초기한자의 변천과정 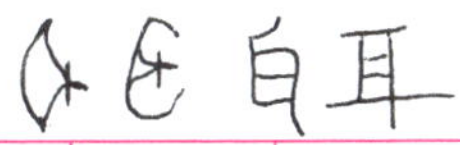

耳	耳	耳							

自
스스로 자

사람의 코를 정면(正面)으로 그린 한자로 본래(本來) 의미(意味)는 '코'이다. 코는 얼굴 중심(中心)에 위치(位置)하므로, 그 후 '스스로'의 의미를 갖게 되었다. 그리고 '코' '비(鼻)'자를 다시 만들게 되었다.

필순 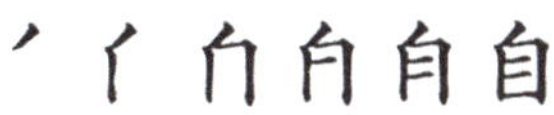

초기한자의 변천과정 

自	自	自							

鼻
코 비

문자(文字)와 문화(文化) : 중국인들은 자신(自身)을 말할 때, '나'라고 할 때 손가락이 코를 가리키는 습성(習性)이 있다.

필순 

鼻	鼻	鼻							

齒
이 치

입 안에 치아(齒牙)의 모양(模樣)을 본뜬 한자.

필순 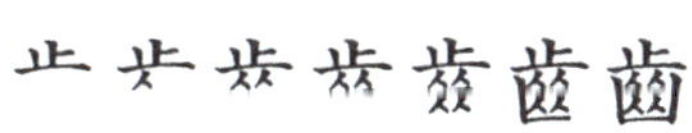

초기한자 

齒	齒	齒							

肉
고기 육

짐승이나 새에서 베어낸 고기 조각을 본뜬 한자.

필순 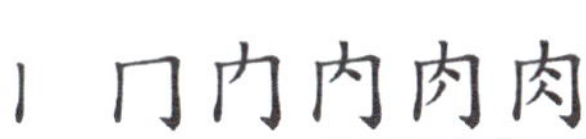

초기한자의 변천과정 

肉	肉	肉							

胃 밥통 위	'위'자 아래 월(月)자는 고기 육(肉)자인데, 부수(部首)로 사용될 경우, 대부분 월(月)자로 나타낸다. 고기 조각에 곡식(穀食)이 담아 있는 모양(模樣)을 본뜬 한자. 이 한자를 만든 사람은 인체(人體)의 위장(胃臟)에 대한 지식(知識)이 있었던 것 같다. 필순  초기한자 

胃	胃	胃							

心 마음 심	사람의 심장(心臟) 모양을 본뜬 한자. 이 한자를 만든 사람은 인체(人體)의 심장(心臟)에 대한 지식(知識)이 있었던 것 같다. 하트 모양의 심장(心臟). 필순  초기한자의 변천과정 

心	心	心							

3.2 자연(自然) 및 기타(其他) 사물(事物)을 그대로 그려낸 한자. 상형(象形)

山 메 산	산의 모습을 본뜬 한자. 필순 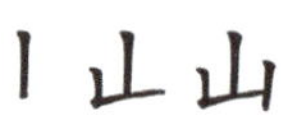 초기한자의 변천과정 

山	山	山							

水 물 수	물이 흐르는 모습을 본뜬 한자. 부수(部首)로는 대부분 氵이 사용되며, 물론 水가 부수로도 사용된다. 필순  초기한자의 변천과정 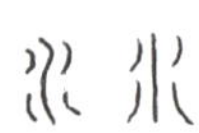

水	水	水							

日
해 일

해의 모습을 본뜬 한자.

필순 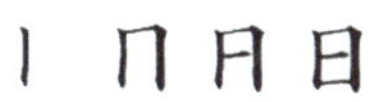

초기한자의 변천과정 

日 日 日

月
달 월

초승(超升)달의 모습을 본뜬 한자.

필순 

초기한자의 변천과정 

月 月 月

雨
비 우

하늘에서 비가 내리는 모양을 본뜬 한자.

필순 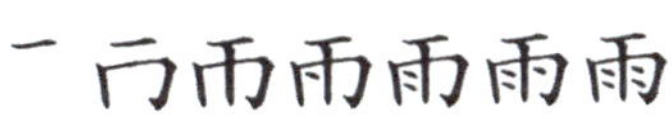

초기한자의 변천과정 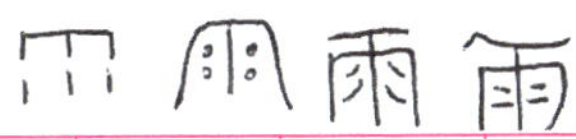

雨 雨 雨

木
나무 목

잎이 없는 나무를 본뜬 한자.

필순 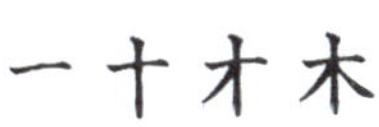

초기한자의 변천과정 

木 木 木

金
쇠 금 성 김

① 청동기(靑銅器)의 주조(鑄造)를 위하여 만든 거푸집의 모양을 본뜬 한자. ② '全'자에 좌우(左右) 두 점(點)은 흙 속에 묻혀 있는 반짝이는 '금속 물(金屬物)'을 나타낸 한자.

필순 

초기한자의 변천과정 

金 金 金

王

임금 왕

중국(中國) 고대(古代) 권력(權力)을 상징(象徵)하는 도끼 등 무기(武器)의 모양을 본 뜬 한자.

필순 

초기한자의 변천과정 

王	王	王							

玉

옥 옥

옥으로 만든 둥근 구슬 3개(個)를 실로 꿰어 'ㅣ'로 놓은 모양을 본뜬 한자.

필순 

초기한자의 변천과정 

玉	玉	玉							

冊

책 책

종이가 발명(發明)되기 이전, 얇고 일정(一定)한 크기의 대나무판(板)을 엮어 만든 책(冊)을 본뜬 한자.

필순 

초기한자의 변천과정 

冊	冊	冊							

鳥

새 조

새 모양을 본뜬 한자.

필순 

초기한자의 변천과정 

鳥	鳥	鳥							

魚

물고기 어

물고기의 모양을 본뜬 한자.

필순 

초기한자의 변천과정 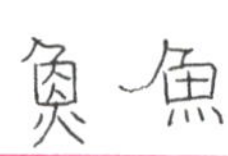

魚	魚	魚							

貝 조개 패

조개가 입을 벌리고 있는 모양을 본뜬 한자.

필순 

초기한자의 변천과정 

貝	貝	貝							

牛 소 우

뿔이 난 소의 머리를 본뜬 한자.

필순 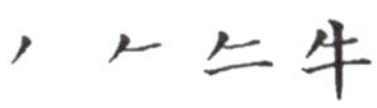

초기한자의 변천과정 

牛	牛	牛							

羊 양 양

뿔이 난 양의 머리를 본뜬 한자.

필순 

초기한자의 변천과정 

羊	羊	羊							

犬 개 견

꼬리를 위로 감아올린 개의 모습을 본뜬 한자.

필순 

초기한자의 변천과정 

犬	犬	犬							

馬 말 마

긴 갈기가 있는 말의 모양을 본뜬 한자.

필순 

초기한자의 변천과정 

馬	馬	馬							

蟲

벌레 충

벌레의 모양을 본뜬 한자. 부수로는 '虫'을 사용.

필순 

초기한자의 변천과정 

蟲 蟲 蟲

象

코끼리 상

코끼리의 모습을 본뜬 한자.

필순 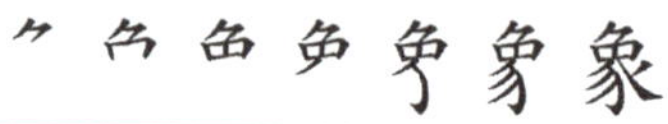

초기한자의 변천과정 

象 象 象

刀

칼 도

중국의 칼 모양을 본뜬 한자.

필순 

초기한자의 변천과정 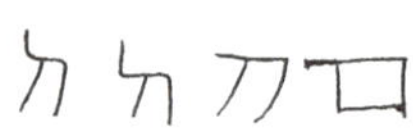

刀 刀 刀

門

문 문

좌우(左右) 양(兩)쪽에 문(門)이 달려 있는 문의 모양(模樣)을 본뜬 한자.

필순 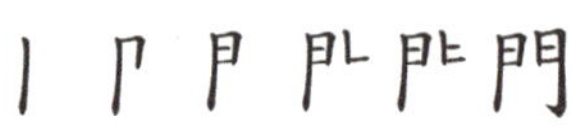

초기한자의 변천과정 

門 門 門

田

밭 전

논과 밭을 본뜬 한자.

필순 

초기한자의 변천과정 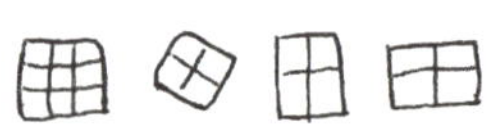

田 田 田

車 수레 거(차)

수레의 바퀴 모양을 본뜬 한자.

필순 … 車

초기한자의 변천과정 (저자의 생각)

車 車 車

鬼 귀신 귀

무당(巫堂)이 얼굴에 커다란 가면(假面)을 쓰고 있는 모습을 본뜬 한자

필순 … 鬼

초기한자의 변천과정

鬼 鬼 鬼

果 실과 과

나무의 열매. (부수 木)

필순 … 果

초기한자

果 果 果

東 동녘 동

木+日. 해가 나무 사이로 떠오르는 모습을 그린 글자. 해는 동쪽에서 떠오른다는 뜻에서 나온 한자. (부수 木)

필순 … 東

초기한자

東 東 東

烏 까마귀 오

까마귀는 검기 때문에 눈이 구분 안 된다는 뜻에서 새 조(鳥)사에서 눈을 나타내는 일획(섬)이 없음

필순 … 烏

초기한자

烏 烏 烏

實用漢字

04 추상적 개념을 부호로 나타낸 한자 및 그림으로 그릴 수 없는 한자 배우기

4.1 추상적(抽象的) 개념(概念)을 부호(符號)로 나타낸 한자. 지사(指事)

上 위 상

선(線) 위에 점(點)을 부가(附加)해서 위를 나타낸 추상적 개념(抽象的 概念)의 한자. (부수: 一)

필순 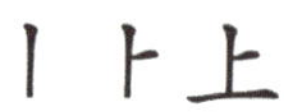

초기한자의 변천과정 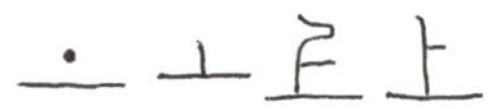

上 上 上

下 아래 하

선(線) 아래에 점(點)을 부가(附加)해서 아래를 나타낸 추상적 개념(抽象的 概念)의 한자. (부수 : 一)

필순 

초기한자의 변천과정 

下 下 下

末 끝 말

나무 목(木)자 위에 지시부호(指示符號)를 그어 나무의 끝인 末자가 됨. (부수 : 木)

필순 

末 末 末

本 밑 본

나무 목(木)자 아래 지시부호(指示符號)를 넣어 뿌리의 뜻인 本자가 됨. (부수 : 木)
국본(國本 : 나라의 근본)

필순 

本 本 本

天 하늘 천	대(大)자 위에 지시부호(指示符號)를 그어 사람 위인 天자가 됨. (부수 : 大) 필순 一 二 チ 天

天	天	天							

刃 칼날 인	칼 도(刀)자에 점(點)을 찍어 칼날의 뜻인 刃)자가 됨. (부수 : 刀) 필순 フ 刀 刃

刃	刃	刃							

4.2 뜻을 지닌 2개 이상의 한자를 합한 한자. 회의(會意). 문(文) + 문(文)

仙 신선 선	人(부수)+山 산에 사는 사람. 필순 ノ 亻 仆 仙 仙

仙	仙	仙							

休 쉴 휴	人(부수)+木 사람이 나무에 기대어 쉬는 모양. 필순 ノ 亻 仁 什 休 休

休	休	休							

信 믿을 신	人(부수)+言 사람의 말은 믿음이 있어야 한다는 뜻. 필순 亻 亻 亻 亻 亻 信 信

信 信 信

林 수풀 림	木(부수)+木 평평한 땅에 나무가 많이 있는 것. 필순 十 才 木 木 村 材 林

林 林 林

森 나무 빽빽할 삼	木(부수)+木+木 林보다 나무가 더 많은 것. 필순 一 十 才 木 本 森 森

森 森 森

明 밝을 명	일(日, 부수)+월(月) 필순 丨 冂 日 日 明 明 明

明 明 明

事 일 사	갈고리(낫, 창)에 깃발 모양의 口에, 손을 나타내는 우(又)가 합한 글자다. 손으로 깃발 세우는 일을 나타낸 한자. '섬기다'의 뜻으로도 사용된다. (亅부수) 필순 一 冖 口 亐 亊 亊 事

事 事 事

會 모일 회	人(부수)+一+罒+日 필순 𠆢 亼 侖 侖 侖 會 會
會 會 會	

意 뜻 의	心(부수)+日+立 필순 亠 音 音 音 音 意 意
意 意 意	

4.3 뜻과 소리를 나타내는 2개(個)의 한자로 합(合)한 한자. 형성(形聲)
形(뜻)을 나타내는 문 + 聲(음)을 나타내는 문

江 강 강	중국의 양자강. 물의 종류. 중국 남방(南方)의 장강(長江)=양자강(揚子江). 중국에서 가장 긴 강. 세계 3번째 긴 강. (氵부수, 水) 필순 丶 冫 氵 氵 汀 江
江 江 江	

河 강 하	중국의 황하. 물의 종류(種類). 중국 북방(北方)의 황하(黃河). 중국에서 2번째 긴 강. (氵부수, 水) 필순 丶 氵 氵 汀 汀 河 河
河 河 河	

海	물의 종류 바다. (氵부수, 水)
바다 해	필순 氵 氵 氵 汇 汇 海 海

海	海	海							

洗	(氵부수, 水)
씻을 세	필순 氵 氵 氵 汁 泩 洗 洗

洗	洗	洗							

注	글이나 말의 뜻을 설명 함. (氵부수, 水)
물 댈 주	필순 丶 氵 氵 氵 汁 汼 注

注	注	注							

銀	금속 물 종류 은. (釒부수, 金)
은 은	필순 𠂉 钅 金 釒 鈤 鉬 銀

銀	銀	銀							

銅	금속 물 종류 구리. (釒부수, 金)
구리 동	필순 丿 𠂉 𠂉 金 釒 釦 銅

銅	銅	銅							

桐 오동나무 동	나무 종류 동. (木 부수) 필순 一 十 才 木 杉 杓 桐 桐
桐	桐	桐							

柏 나무 이름 백	나무 종류 백. (木 부수) 필순 一 十 才 木 木' 杉 柏 柏
柏	柏	柏							

花 꽃 화	(艹 부수, 艸) 필순 一 十 艹 艹 艹 花 花 花
花	花	花							

草 풀 초	(艹 부수, 艸) 필순 艹 艹 苎 苎 苜 荁 草
草	草	草							

鯉 잉어 리	(魚 부수) 필순 𠂊 角 魚 魜 鮰 鯉 鯉 鯉 鯉
鯉	鯉	鯉							

鮒	(魚 부수)
붕어 부	필순 ⺈ 𩵋 魚 魚 魚 魚 鮒 鮒 鮒

鮒	鮒	鮒							

姓	여자(女子)가 자식(子息)을 낳다. 모계씨족사회(母系氏族社會)를 위주(爲主)로한 한자(漢字) (女 부수)
성 성	필순 ㄑ 女 女 女 女 姓 姓

姓	姓	姓							

奸	(女 부수)
범할 간	필순 ㄑ 女 女 女 女 奸

奸	奸	奸							

地	(土 부수)
땅 지	필순 一 十 土 圠 圵 地

地	地	地							

形	(彡 부수)
모양 형	필순 一 二 于 开 开 形 形

形	形	形							

聲 소리 성	(耳 부수) 필순 士 壴 声 殸 殸 殸 聲

指 손가락 지, 가리킬 지	(扌 부수, 手) 필순 扌 扌 扌 扌 扌 指 指

打 칠 타	(扌 부수, 手) 필순 一 扌 扌 扌 打

轉 구를 전	(車 부수) 필순 白 車 軻 軻 轉 轉 轉

假 거짓 가	(亻 부수, 人) 필순 亻 亻 亻 亻 假 假 假

借	(亻 부수, 人)
빌릴 차	필순 亻 亻 亻 亻 亻 借 借

借	借	借							

4.4 설(說)이 분분(紛紛)하지만, 2개의 한자가 같은 부수(部首)에 속하고, 뜻도 같아 서로 훈(訓)을 할 수 있는 한자. 전주(轉注)

老	考이다.
늙을 로(노)	필순 一 十 土 耂 老 老

老	老	老							

考	老이다. 老의 생략형(省略型)을 따르며, 丂의 소리이다.
상고할 고	필순 一 十 土 耂 考 考

考	考	考							

4.5 한자가 없는 말에 같은 음(音)의 한자를 빌려 사용(使用)한 한자. 가차(假借)

鳳
봉새 봉

상형자(象形字) 봉새 '봉'자는 봉황(鳳凰)이 나르면 새들이 떼를 지어 따라간다는 의미(意味)에서 붕당(朋黨)의 붕(朋)자로 가차(假借)해서 무리, 떼의 뜻으로도 사용(使用).

필순 

초기한자 

鳳	鳳	鳳							

朋
벗 붕

필순 

朋	朋	朋							

새가 둥우리에 있는 모양을 본뜬 한자(상형자).

해가 서산(西山)에 지면, 새가 둥지로 돌아간다는 의미(意味)에서 동서(東西)의 서(西)로 가차(假借)해서 사용.

西
서녘 서

필순 

西	西	西							

實用漢字 05

실생활 속의 실용 한자어1

– 大學生인 나의 日常을 通해 익히는 實生活 漢字語 –

大學生	大學生		
대학생			

日常	日常			
일상				

通	通							
통(하다)								

實生活	實生活		
실생활			

實用	實用			
실용				

漢字語	漢字語		
한자어			

自鳴鐘	自鳴鐘		
자명종			

始作	始作			
시작(하다)				

化粧室	化粧室		
화장실			

洗面臺	洗面臺		
세면대			

洗手	洗手			
세수(하다)				

簡單	簡單			
간단(하다)				

食事	食事			
식사(하다)				

時間	時間			
시간				

空間	空間			
공간				

鍛鍊	鍛鍊			
단련(하다)				

運動	運動			
운동(하다)				

午前	午前			
오전				

學校	學校			
학교				

授業	授業			
수업(하다)				

正午	正午			
정오				

校内	校内			
교육				

食堂	食堂			
식당				

點心	點心			
점심				

점심(중국 : 간식) : 옛날에 못 살았을 때, 보리 고개

午後	午後			
오후				

圖書館	圖書館		
도서관			

讀書	讀書			
독서(하다)				

書籍	書籍			
서적				

閱覽	閱覽			
열람(하다)				

內容	內容			
내용				

復習	復習			
복습(하다)				

學習	學習			
학습(하다)				

大略	大略			
대략				

時	時								
시									

睡眠	睡眠			
수면				

規則	規則			
규칙				

健康	健康			
건강(하다)				

健全	健全			
건전(하다)				

日課	日課			
일과				

일과 : 날마다 규칙적으로 하는 일

週末	週末			
주말				

牛乳	牛乳			
우유				

洗濯機	洗濯機		
세탁기			

利用	利用			
이용(하다)				

同時	同時			
동시				

料理	料理			
요리				

外出	外出			
외출(하다)				

百貨店	百貨店		
백화점			

市場	市場			
시장				

商家	商家			
상가				

商店	商店			
상점				

公園	公園			
공원				

散步	散步			
산보(하다)				

映畫館	映畫館		
영화관			

綠茶	綠茶			
녹차				

盞	盞							
잔								

音樂	音樂			
음악				

感賞	感賞			
감상(하다)				

父母	父母			
부모				

自動車	自動車		
자동차			

乘用車	乘用車		
승용차			

兄弟	兄弟			
형제				

姉妹	姉妹			
자매				

深夜	深夜			
심야				

歸家	歸家			
귀가(하다)				

家族	家族			
가족				

旅行	旅行			
여행(하다)				

大學生인 나의 日常을 通해 익히는 實生活 漢字語

自鳴鐘 소리가 始作되면 나의 日常도 始作된다. 나는 먼저 化粧室에 들어가 洗面臺 앞에서 거울을 보고 또 본 후, 洗手를 하고, 化粧을 簡單히 하고, 아침 食事 時間을 갖는다. 그리고 몸을 鍛鍊하는 運動을 좀 하고, 學校에 가서 午前 授業을 한다. 正午에 校內食堂에서 點心을 먹고, 午後 授業을 다 마치고, 圖書館에 가서 讀書를 하거나 書籍을 閱覽한다. 저녁에 집으로 돌아가서 저녁을 먹고, 배운 內容을 復習하고 學習한다. 大略 11時에 睡眠에 빠진다. 나는 健康하고 健全한 生活로 日課를 마친다. 週末 아침에는 牛乳를 한 잔 마시고, 洗濯機를 利用해서 빨래를 하는 同時에 料理를 해서 먹고, 外出을 한다. 百貨店이나 市場, 商家, 商店에 가서 場을 본다. 때로는 公園에 가서 散步를 하거나, 映畵館에 가서 映畫를 보고, 찻집에 가서 綠茶 한 盞을 마시며 音樂感賞을 한다. 늦은 밤에 父母님과 함께 自動車(乘用車)를 타고 드라이브를 하고, 深夜에 歸家를 한다. 때로는 週末에 家族과 旅行을 떠난다. 나는 兄弟姊妹가 있다.

實用漢字 06

실생활 속의 실용 한자어2

– 나의 自己紹介를 通해 익히는 實生活 漢字語 –

自己	自己			
자기				

紹介	紹介			
소개(하다)				

通	通							
통(하다)								

姓名	姓名			
성명				

和睦	和睦			
화목(하다)				

幸福 행복(하다)	幸福			
家庭 가정	家庭			
理想的 이상적	理想的			
社會 사회	社會			
不幸 불행(하다)	不幸			
代價 대가	代價			

支拂	支拂			
지불(하다)				

知性人	知性人		
지성인			

韓國人	韓國人		
한국인			

釜山	釜山			
부산				

成長	成長			
성장(하다)				

初·中	初·中		
초·중			

高等	高等			
고등				
卒業	卒業			
졸업(하다)				
港口	港口			
항구				
都市	都市			
도시				
現在	現在			
현재				
地域	地域			
지역				

位置	位置			
위치(하다)				

東明	東明			
동명				

大學校	大學校		
대학교			

學科	學科			
학과				

在學	在學			
재학				

在學生	在學生		
재학생			

中	中							
~중								

時間表	時間表		
시간표			

週	週							
주								

四日	四日			
4일				

月·火·水	月·火·水	
월·화·수		

木曜日	木曜日		
목요일			

編成	編成			
편성(하다)				

金·土	金·土		
금·토			

日曜日	日曜日		
일요일			

三日	三日			
3일				

程度	程度			
정도				

餘裕	餘裕			
여유				

郊外	郊外			
교외 : 성 밖				

野外	野外			
야외 : 교외의 들판				

逍風	逍風			
소풍				

附近	附近			
부근				

廣安里	廣安里		
광안리			

海邊	海邊			
해변				

遊戲	遊戲			
유희				

유희 : 즐겁게 놀며 장난함

西山	西山			
서산				

雰圍氣	雰圍氣		
분위기			

周邊	周邊			
주변				

酒店	酒店			
주점				

麥酒	麥酒			
맥주				

燒酒
소주

談話
담화

담화 : 서로 이야기를 주고받음

道路
도로

街路燈
가로등

街路樹
가로수

人道
인도

氣韻 기운	氣韻			

浪漫 낭만	浪漫			

青春 청춘	青春			

春·夏 춘·하	春·夏		

秋·冬 추·동	秋·冬		

四季節 사계절	四季節		

落葉	落葉			
낙엽				

未來	未來			
미래				

對	對							
대(하다)								

思考	思考			
사고				

사고(하다) : 생각하고 궁리함. 사고(事故) : 뜻 밖에 일어난 불행한 일

專攻	專攻			
전공(하다)				

關係	關係			
관계				

後	後							
~후								

公務員	公務員		
공무원			

市廳	市廳			
시청				

就業	就業			
취업(하다)				

希望	希望			
희망(하다)				

將來	將來			
장래				

未來	未來			
미래				

爲	爲							
위(하다)								

熱心	熱心			
열심				

努力	努力			
노력(하다)				

氣分	氣分			
기분				

나의 自己紹介를 通해 익히는 實生活 漢字語

나의 姓名은 ______________이다. 姓은 ____이고, 이름은 _____________이다. 우리 집은 和睦하며, 나는 幸福한 家庭에서 살고 있다. 하나하나의 健全한 家庭은 理想的인 社會를 만든다. 남의 不幸으로 얻어지는 幸福은 그에 따른 代價를 支拂해야 할 것이다.

나는 知性人이고, 韓國人이며, 釜山에서 成長하였고, 釜山에서 初·中·高等學校를 卒業하였다. 釜山은 山과 바다가 있는 아름다운 港口都市이다. 現在 나는 아름다운 地域, 釜山에 位置하는 東明大學校 ________________學科에 在學 中이다. 나의 授業 時間表는 週 四日(月·火·水·木曜日)로 編成되어 있으므로, 나는 金·土·日曜日 三日 程度는 生活에 餘裕가 있다.

물론 친구들과 郊外 또는 野外로 逍風을 가거나, 學校 附近에 廣安里 海邊가에 가서 遊戲를 즐기거나, 해가 西山에 질 무렵, 雰圍氣가 있는 周邊 酒店에서 麥酒 또는 燒酒 한 잔을 하면서 벗과의 談話를 나눈다. 道路에 차가 적을 질 때 쯤, 밖으로 나와 街路燈과 街路樹가 있는 人道에서 밤 氣韻 가득한 浪漫을 마음에 담으며, 나의 青春을 즐긴다. 나는 春·夏·秋·冬 四季節 中 가을을 좋아하는데, 때로는 가을 落葉을 밟으며 未來에 對한 思考에 빠진다.

나는 專攻과 關係없이 公務員이 되고 싶다. 卒業 後, 釜山市廳에 就業하는 것이 나의 希望이고 나의 꿈이다. 나의 將來(未來)를 爲하여 나는 365日 熱心히 努力할 것이며, 지금 나는 氣分이 좋다.

實用漢字

07 대학생으로서 알아야 하는 캠퍼스 생활 속 실용 한자어

7.1 대학

大學校	大學校		
대학교			

單科	單科			
단과				

大學	大學			
대학				

學部	學部			
학부				

學科	學科			
학과				

大學院	大學院		
대학원			

研究所	研究所		
연구소			

大講堂	大講堂		
대강당			

講義室	講義室		
강의실			

教室	教室			
교실				

教務處	教務處		
교무처			

學生處	學生處		
학생처			

企劃處	企劃處		
기획처			

學生	學生			
학생				

會館	會館			
회관				

寄宿舍	寄宿舍		
기숙사			

人文學	人文學		
인문학			

哲學	哲學			
철학				

教育學	教育學		
교육학			

經營學	經營學		
경영학			

法學	法學			
법학				

自然	自然			
자연				

科學	科學			
과학				

醫學	醫學			
의학				

工學	工學			
공학				

藝術	藝術			
예술				

教養	教養			
교양				

諸般	諸般			
제반				

知識	知識			
지식				

教育	教育			
교육				

教壇	教壇			
교단				

教授	教授			
교수				

助教	助教			
조교				

學點	學點			
학점				

授業	授業			
수업				

計劃書	計劃書		
기획서			

重要性	重要性		
중요성			

必要性	必要性		
필요성			

意義	意義			
의의				

出席	出席			
출석				

缺席	缺席			
결석				

遲刻	遲刻			
지각				

補講	補講			
보강				

成績	成績			
성적				

放學	放學			
방학				

奬學金	奬學金		
장학금			

登錄金	登錄金		
등록금			

7.2 역사, 정치

歷史	歷史			
역사				

起源	起源			
기원				

舊石器	舊石器		
구석기			

新石器	新石器		
신석기			

靑銅器	靑銅器		
청동기			

母系	母系			
모계				

氏族	氏族			
씨족				

父系	父系			
부계				

社會	社會			
사회				

高句麗	高句麗		
고구려			

百濟	百濟			
백제				

新羅	新羅			
신라				

伽耶	伽耶			
가야				

渤海	渤海			
발해				

高麗	高麗			
고려				

朝鮮	朝鮮			
조선				

時代	時代			
시대				

世紀	世紀			
세기				

大韓民國	大韓民國	
대한민국		

帝國主義	帝國主義	
제국주의		

民主主義	民主主義	
민주주의		

社會主義	社會主義	
사회주의		

共産主義	共産主義	
공산주의		

王朝	王朝			
왕조				

國家 국가	國家			

國民 국민	國民			

政治 정치	政治			

立法 입법	立法			

司法 사법	司法			

行政 행정	行政			

外交	外交			
외교				

國會	國會			
국회				

議院	議院			
의원				

總選	總選			
총선				

保守	保守			
보수				

進步	進步			
진보				

大統領	大統領		
대통령			

7.3 경제, 의료

經濟	經濟			
경제				

貿易	貿易			
무역				

市場	市場			
시장				

赤字	赤字			
적자				

한자	음	따라쓰기
黑字	흑자	黑字
換率	환율	換率
關稅	관세	資本
證券	증권	證券
株式	주식	株式
會社	회사	會社

競買	競買			
경매				

資本	資本			
자본				

資産	資産			
자산				

買賣	買賣			
매매				

價格	價格			
가격				

財産	財産			
재산				

家計	家計			
가계				

信用	信用			
신용				

雇用	雇用			
고용				

就業	就業			
취업				

失業	失業			
실업				

勞動	勞動			
노동				

財閥	財閥			
재벌				

企業	企業			
기업				

擔保	擔保			
담보				

手數料	手數料		
수수료			

貸出	貸出			
대출				

銀行	銀行			
은행				

醫療	醫療			
의료				

保健	保健			
보건				

福地	福地			
복지				

保險	保險			
보험				

衛生	衛生			
위생				

疾病	疾病			
질병				

免疫	免疫			
면역				

檢診	檢診			
검진				

內科	內科			
내과				

外科	外科			
외과				

皮膚科	皮膚科		
피부과			

泌尿器科	泌尿器科	
비뇨기과		

耳鼻咽喉科	耳鼻咽喉科	
이비인후과		

産婦人科	産婦人科	
산부인과		

憂鬱症	憂鬱症		
우울증			

不眠症	不眠症		
불면증			

糖尿	糖尿			
당뇨				

毒感	毒感			
독감				

頭痛	頭痛			
두통				

齒痛	齒痛			
치통				

生理痛	生理痛		
생리통			

高(低)血壓	高(低)血壓	
고(저)혈압		

傳染病	傳染病		
전염병			

7.4 문학, 문화

한자	쓰기			
文學 (문학)	文學			
學問 (학문)	學問			
作品 (작품)	作品			
作家 (작가)	作家			
讀者 (독자)	讀者			
古典 (고전)	古典			

詩	詩			
시				

戲曲	戲曲			
희곡				

小說	小說			
소설				

隨筆	隨筆			
수필				

散文	散文			
산문				

漫畫	漫畫			
만화				

故事	故事			
고사(이야기)				

成語	成語			
성어				

常用	常用			
상용				

批評	批評			
비평				

諷刺	諷刺			
풍자				

主題	主題			
주제				

抒情	抒情			
서정				

抽象	抽象			
추상				

文化	文化			
문화				

文明	文明			
문명				

遺産	遺産			
유산				

飮食	飮食			
음식				

乾杯	乾杯			
건배				

衣服	衣服			
의복				

衣裳	衣裳			
의상				

設計師	設計師		
설계사			

倉庫	倉庫			
창고				

車庫	車庫			
차고				

慣習	慣習			
관습				

風習	風習			
풍습				

宗教	宗教			
종교				

佛教	佛教			
불교				

基督教	基督教		
기독교			

儒教	儒教			
유교				

道教	道教			
도교				

信仰	信仰			
신앙				

信徒	信徒			
신도				

世界	世界			
세계				

7.5 체육, 예술

體育	體育			
체육				

水泳 수영	水泳			

野球 야구	野球			

跆拳道 태권도	跆拳道		

卓球 탁구	卓球			

拳鬪 권투	拳鬪			

柔道 유도	柔道			

射擊	射擊			
사격				

足球	足球			
족구				

蹴球	蹴球			
축구				

排球	排球			
배구				

籠球	籠球			
농구				

選手	選手			
선수				

審判	審判			
심판				

勝負	勝負			
승부				

呼吸	呼吸			
호흡				

身體	身體			
신체				

頭腦	頭腦			
두뇌				

心臟	心臟			
심장				

한자	읽기	따라 쓰기
大腸	대장	大腸
小腸	소장	小腸
胃臟	위장	胃臟
膀胱	방광	膀胱
關節	관절	關節
血液	혈액	血液

藝術	藝術			
예술				

音樂	音樂			
음악				

聲樂	聲樂			
성악				

樂譜	樂譜			
악보				

樂器	樂器			
악기				

管絃樂	管絃樂		
관현악			

交響曲	交響曲		
교향곡			

伽倻琴	伽倻琴		
가야금			

演奏	演奏			
연주				

美術	美術			
미술				

書藝	書藝			
서예				

展示	展示			
전시				

演劇	演劇			
연극				

亂打	亂打			
난타				

舞臺	舞臺			
무대				

舞蹈會	舞蹈會		
무도회			

映畫	映畫			
영화				

演出	演出			
연출				

脚色	脚色			
각색				

感賞	感賞			
감상				

7.6 법률, 환경

法律	法律			
법률				

法務	法務			
법무				

判事	判事			
판사				

法官	法官			
법관				

檢事	檢事			
검사				

總長	總長			
총장				

原告	原告			
원고				

被告	被告			
피고				

公開	公開			
공개				

裁判	裁判			
재판				

令狀	令狀			
영장				

訴訟	訴訟			
소송				

抗訴	抗訴			
항소				

棄却	棄却			
기각				

公訴	公訴			
공소				

時效	時效			
시효				

執行	執行			
집행				

猶豫	猶豫			
유예				

保釋	保釋			
보석				

假釋放	假釋放		
가석방			

犯則金	犯則金		
범칙금			

禁錮	禁錮			
금고				

過怠料	過怠料		
과태료			

追徵金	追徵金		
추징금			

警察	警察			
경찰				

正當	正當			
정당				

防衛	防衛			
방위				

加重	加重			
가중				

處罰	處罰			
처벌				

懸賞	懸賞			
현상				

手配	手配			
수배				

過失	過失			
과실				

致死	致死			
치사				

環境 환경	環境			

空氣 공기	空氣			

新鮮 신선	新鮮			

汚染 오염	汚染			

氣候 기후	氣候			

氣象 기상	氣象			

日氣	日氣			
일기				

豫報	豫報			
예보				

地震	地震			
지진				

洪水	洪水			
홍수				

降雨(量)	降雨(量)		
강우(량)			

降雪	降雪			
강설				

災害	災害			
재해				

熱帶	熱帶			
열대				

亞熱帶	亞熱帶		
아열대			

寒帶	寒帶			
한대				

溫帶	溫帶			
온대				

廢棄物	廢棄物		
폐기물			

再活用	再活用		
재활용			

動物	動物			
동물				

植物	植物			
식물				

交通	交通			
교통				

便利	便利			
편리				

不便	不便			
불편				

實用漢字

08 상용(常用) 고사성어(故事成語)로 배우는 漢字

酒池肉林 酒池肉林

주지육림

술로 연못을 이루고 고기로 숲을 이룸의 뜻으로, 극히 호사(豪奢)하고 방탕(放蕩)한 술잔치 또는 생활(生活)을 의미(意味)하는 고사 성어(故事成語).

고사 (故事 이야기)

순(舜)임금으로부터 왕위(王位)를 계승(繼承)한 우(禹)임금은 요순시대(堯舜時代)의 이상적(理想的)인 선양정치(禪讓政治)가 아니 왕위(王位) 세습제(世襲制)를 제도화(制度化)하고, 최초의 나라를 세우는데, 이 나라는 바로 하 왕조(夏王朝)이다. 즉 중국(中國)의 첫 왕조(王朝)가 탄생(誕生)되었다. 약(約) 기원전(紀元前) 21세기(世紀)~기원전 16세기 전(前)의 국가(國家)이다.

하 왕조의 초대(初代) 왕(王)인 우(禹)에서 약 500년이 지나 마지막 임금 걸(桀) 임금에 와서는 각 종(各種)의 건축물(建築物)을 증축(增築)하고, 주변(周邊) 종족(宗族)과 전쟁(戰爭)을 일으킴으로 백성(百姓)들의 삶은 힘들었다. 특히 그가 총애(寵愛)하는 애첩(愛妾)의 제안(提案)에 따라 술로 채워지는 연못과 고기로 채워지는 숲, 즉 주지육림(酒池肉林)의 공사(工事)를 강행(强行)하였다.

걸 임금은 중국 역사상(歷史上) 주지육림(酒池肉林)의 장본인(張本人)이다. 그는 정사(政事)를 돌보지 않고, '주지육림(酒池肉林)'에 빠져 방탕(放蕩)하고 방종(放縱)한 사치(奢侈)스러운 생활(生活)을 누렸다. 그러하자 백성(百姓)들의 원성(怨聲)을 사게 되었고, 그 원성(怨聲)은 하늘을 찔렀다. 한편, 상족(商族)의 족장(族長) 탕(湯)은 후덕(厚德)하여 그의 백성들은 그를 따랐다. 하 왕조는 결국(結局) 상족에게 멸망(滅亡)하였다. 걸(桀)은 탐욕(貪慾)스럽고, 황음무도(荒淫無道)하지만, 남다른 지략(智略 : 슬기로운 계략)을 가지고 있었다. 그를 무기력(無氣力)하게 하고, 하나라를 망(亡)하게 한 것은 바로 여자(女子), 그가 총애한 여인(女人) 말희(妺喜) 때문이다.

상족(商族)은 하(夏) 왕조를 멸망(滅亡)시키고, 상(商) 왕조를 건국(建國)하였다. 상족의 조상(祖上)들은 중국 동쪽 산동(山東)과 하북(河北) 남쪽에서 하남지역(河南地域)으로 이동(移動)하여, 상 왕조를 세웠다. 19대 임금 반경(盤庚)이 하남성(河南省) 안양현(安陽縣) 소둔촌(小屯村)으로 도읍(都邑)을 옮긴 후, 왕조명을 은(殷)으로 바꾸어 쇠퇴(衰退)해 가는 왕조의 기운(氣運)을 전환(轉換)시켰다.

은(殷) 왕조의 마지막 임금 주왕(紂王)이 젊은 시절(時節)에는 총명(聰明)하고 군사적(軍事的) 재능(才能)이 있었으므로, 동이족(東夷族)을 평정(平定)하였고, 양자강(揚子江) 유역(流域)까지 은나라의 문화(文化)를 전파(傳播)시켰다. 그러나 紂王 역시 점차적(漸次的)으로 하 왕조 桀王과 같이 주색(酒色)에 빠져 주지육림(酒池肉林)의 생활(生活)을 하였다. 그를 放蕩한 生活에 빠지게 한 것 역시 女子였다. 당시(當時) 주(周) 제후국(諸侯國)이 주왕(紂王)에게 바친 미녀(美女) 달기(妲己)이다. 또 紂王은 제후(諸侯)와 百姓들의 불평불만(不平不滿)을 잔혹(殘酷)하고 잔인(殘忍)한 형벌(刑罰)[16]로 다스리고, 공포정치(恐怖政治)를 펼쳤다. 이렇게 紂王은 자국(自國)의 百姓들의 민심(民心)을 잃고 있었다. 한편 紂王을 토벌(討伐)하기를 원(願)하는 諸侯들은 800에 달(達)하였다. 마침내 商나라 서쪽에 位置한 諸侯國 주(周) 무왕(武王)이 紂王을 명망(滅亡)시켰다.

하(夏)나라의 桀王과 은(殷)나라의 紂王이 각각(各各) 말희(妹喜)와 달기(妲己)에 빠져 주지육림(酒池肉林)의 생활을 함에서 酒池肉林이 유래(由來)하였다.

16) 포락형((炮烙刑) : 붉게 달군 구리 위를 맨발로 걸어가게 하는 형벌이다.

管鮑之交

관포지교

아주 친(親)한 친구 사이에 의리(義理) 있는 교제(交際), 절친(切親)을 일컫은 말.

고사 (故事 이야기)

춘추시대(春秋時代 : 기원전 770년~) 주(周)나라의 여러 제후국(諸侯國)들 중, 제(齊)나라 제환공(齊桓公)이 중국 중원(中國中原)의 패자(霸者 : 우두머리)가 되는 과정(過程)에서 나온 이야기이다. 제환공의 이름은 소백(小白)이며, 위로 제아(諸兒)와 규(糾) 두 형(兄)이 이었다. 아버지 희공이 죽자 제아가 왕위(王位)에 올라 양공(襄公)이 되었다. 양공(襄公)의 난폭(亂暴)한 성격(性格)을 두려워 한 糾와 小白은 各各 노(魯)나라와 거(莒) 나라로 망명(亡命)을 하였다. 糾 옆에는 스승인 관중(管仲)이, 小白에게는 스승 포숙아(鮑叔牙)가 있었다. 그 후, 齊나라는 무정부(無政府) 상태(狀態)에서 신하(臣下)들은 小白을 후계자(後繼者)로 삼기를 결정(決定)하였다. 糾도 고국(故國)의 소식(消息)을 듣고, 순서(順序)대로라면 본인(本人)이 왕위(王位)에 올라야 한다고 생각한 그는 그의 어머니의 나라인 魯나라의 군력(軍力)을 빌려 齊나라로 길을 떠났다. 그러나 小白이 망명(亡命)하고 있는 곳은 齊나라와 가깝기 때문에, 糾에게 불리(不利)하였다. 糾의 스승 管仲은 小白이 귀국(歸國)하는 길에 매복(埋伏)해 있다 小白의 복부(腹部)에 화살을 명중(命中)시켰다. 그러나 그 활은 小白의 쇠고리로 만든 허리띠를 맞혔던 것이었다. 小白이 죽은 줄로만 알고 齊나라에 도착(到着)한 糾와 管仲은 결국(結局) 小白이 이끄는 齊나라 군대(軍隊)와 공방전(攻防戰)을 벌였다. 결국(結局) 糾는 죽었고, 管仲은 포로(捕虜)가 되었다. 小白이 바로 제환공(齊桓公)이다. 관중과 포숙아는 절친 사이였고, 桓公은 자신(自身)을 살해(殺害)하려고 한 管仲을 처형(處刑)하려고 하자, 포숙아(鮑叔牙)는 "군주(君主)께서 천하(天下)의 패자(霸者 : 우두머리)가 되고자 하신다면 그 일을 해낼 사람은 管仲뿐이다"고 간언(諫言)하였다. 結局 管仲은 鮑叔牙의 천거(薦擧)로 鮑叔牙보다 높은 지위(地位)에 올라 일국(一國)의 재상(宰相)이 되어, 齊桓公을 보필(輔弼)하여 최초(最初)로 중원(中原)의 패권(霸權)을 가지게 했다.

臥薪嘗膽	臥薪嘗膽		

와신상담

치욕(恥辱)을 잊지 않기 위해, 거친 풀에서 자고, 쓴 쓸개를 먹는다. 원수(怨讎)를 갚거나, 뜻한 바를 이루려는 다짐.

兎死狗烹	兎死狗烹		

토사구팽

토끼를 사냥한 후, 사냥개를 삶아 먹는다. 즉 쓸모없으면 버린다는 뜻.

와신상담, 토사구팽의 고사 (故事 이야기)

춘추시대(春秋時代) 오(吳)나라와 월(越)나라는 양자강(揚子江) 하류(下流)에 있던 조그만한 나라였지만, 중국(中國) 중원(中原)에 무패자(無覇者) 시대(時代)로 접어들자 패권(霸權) 다툼에 끼었고, 양자(兩者)는 여러 번의 전쟁(戰爭)을 통(通)해 승부(勝負)를 서로 주고받았다. 吳나라에는 초(楚)나라에서 망명(亡命)해 온 오자서(伍子胥)와 병법서(兵法書)로 세계적(世界的)으로 유명(有名)한 《손자병법(孫子兵法)》의 저자(著者) 손무(孫武) 등(等)이 있었다. 기원전(紀元前) 494年, 越나라는 대패(大敗)하였다. 伍子胥는 이번 기회(機會)에 越나라를 없애려고 하였지만, 吳王 부차(夫差)는 越王 구천(句踐)이 자신(自身)의 신하(臣下)가 되고, 구천(句踐)의 아내가 自身의 첩(妾)이 되는 제안(提案)을 수용(受容)하였다. 越王 句踐과 그의 참모(參謀)인 범려(范蠡)는 3년간(年間) 吳王 夫差의 노복(奴僕)이 되어 일한 후, 越나라로 돌아가게 되었다. 고국(故國)으로 돌아간 句踐은 굴욕(屈辱)을 씻기 爲하여, 때마다 쓴 쓸개를 먹고 거친 풀에서 잠을 자면서 다짐을 하였다. 그 후, 귀중(貴重)한 보물(寶物)을 오나라에 바치는 동시(同時) 吳나라를 도와 출전(出戰)을 하고, 越나라 미녀(美女) 서시(西施)를 吳王에게 바쳤다. 越王 句踐은 10年의 '**와신상담(臥薪嘗膽)**' 끝에, 마침내 吳나라를 滅亡시켰고, 春秋時代의 마지막 패권군주(霸權君主)가 되었다. '**와신상담(臥薪嘗膽)**'은 가시나무 위에서 자고 쓸개를 먹는 故事로, 吳王 夫差와 越王 句踐의 이야기에서 由來된 고사성어(故事成語)이다. 한편, 공신(功臣)인 범려(范蠡)는 오히려 친구에게 자신(自身)의 심경(心境)을 전(傳)하는 편지를 남기고, 스스로 가산(家産)을 챙겨 그의 일족(一族)과 배를 타고 떠났다. 그의 이러한 처신(處身)과 편지 내용(內容)에서 유래(由來)된 것이 바로 '**토사구팽(兎死狗烹)**' 즉, 토끼를 잡은 후에는 사냥개를 삶아먹는다는 故事이다.

西施矉目

서시빈목

자기(自己)의 특성(特性)은 잘 알지도 않고, 무조건(無條件) 남의 흉내를 내는 것을 비유(比喩)한 말로, 무조건(無條件) 남의 흉내를 내어 웃음거리가 된다는 말.

고사 (故事 이야기)

서시(西施)는 춘추시대(春秋時代)의 미녀(美女)이며, 중국에서는 으뜸가는 미인(美人)으로 손꼽힌다. 즉 옛날에 中國의 美人 西施가 속병(病) 때문에 눈을 찌푸리자, 이 모습을 본 마을의 못생긴 女子들이 자신(自身)도 눈을 찌푸리면 아름답게 보이는 줄 알고, 덩달아 눈을 찌푸렸다는 이야기에서 由來된 고사성어(故事成語)이다.

揭竿而起

게간이기

장대를 높이 들고 일어나다는 뜻으로, 민중봉기(民衆蜂起)를 비유(比喩)한 말.

고사 (故事 이야기)

진시황(秦始皇)이 죽고[17], 2세(二世) 황제(皇帝)가 즉위(卽位)한 이듬 해, 기원전(紀元前) 209年에 900여(餘) 명(名)의 변경(邊境)을 수비(守備)하러 길을 떠난 농민(農民)들이 지금의 중국 안휘성(安徽省)에서 큰 비를 만나 발이 묶여 기일 내(期日 內) 도착(到着)하지 못하였고, 이는 진(秦)나라의 법(法)에 따르면 사형(死刑) 형(刑)이었다. 그들은 죽음에서 벗어나려고 하였고, 그들 중 진승(陳勝)과 오광(吳廣)은 압송(押送)하던 관리(官吏)

---

17) **진시황(秦始皇)의 죽음에 대해서 3가지 설(說)이 있는데,** 일각(一角)에서는 ① 이세황제(二世皇帝)가 된 진시황의 둘째 아들이 형(兄)을 죽이고 아버지 진시황도 죽였다는 살해 설(殺害 說)이 있고, ② 시황제(始皇帝)는 유년시절(幼年時節) 때부터 질병(疾病)이 있어, 장거리 여행(旅行)길에 피곤(疲困)이 누적(累積)되어 사망(死亡)하였다는 설(說)이 있지만, ③ 불로초(不老草)를 찾아 나선 서복(徐福)과 3천(千) 동남동녀(童男童女)가 돌아오지 않자, 秦始皇은 불로초(不老草)에 대(對)한 집착(執着)이 더욱 심해졌는데, 의원(醫員)이 받친 약초(藥草)를 먹은 후, 피부(皮膚)가 탱탱해지고 몸이 건강(健康)해져, 始皇帝는 이 약(藥)에 더욱 執着하게 되었는데, 이 藥은 독성(毒性)이 있는 금속(金屬) 수은(水銀)이었다고 전(傳)한다. 水銀은 그 당시(當時) 금(金)과 은(銀)처럼 귀중(貴重)했고, 고대(古代) 중국(中國)이나 서양(西洋)에서는 약재(藥材)로 사용(使用)하였다고 한다. 《사기(史記)》에 의하면, 始皇帝는 水銀 강(江)을 만들었고, 현대에 이르러 발견(發見)된 秦始皇의 지하궁전(地下宮殿) 지표면(地表面)에서 《史記》에 기록(記錄)되어 있는 水銀이 발견(發見)되었다고 한다. 그러므로 과다(過多)한 水銀에 의(依)하여 병증(病症)이 발생(發生)하여 난폭(亂暴)해지고, 유생(儒生)들을 생매장(生埋葬)하고 결국(結局)에는 죽음에 이르렀다고 전(傳)한다.

를 죽이고, 중국(中國) 역대(歷代) 최초(最初)의 농민봉기(農民蜂起)를 일으켰다. 그들은 빠른 속도(速度)로 세력(勢力)을 확장(擴張)해 나갔고, 秦의 수도(首都) 함양(咸陽) 가까이에 왔을 때 봉기군(蜂起軍)은 수십만(數十萬) 名에 달(達)했다. 二世 皇帝는 군대(軍隊)를 소집(召集)할 여유(餘裕)가 없어, '여산릉묘(廬山陵墓)'를 건설(建設) 중(中)인 인부(人夫) 수십만(數十萬)을 동원(動員)하여 蜂起軍을 물리쳤다. 이렇게 中國 最初의 농민반란(農民叛亂)은 반년(半年) 만에 진압(鎭壓)되었고, 진승(陳勝)과 오광(吳廣)은 모두 배신자(背信者) 손에 죽고 말았다. 이를 '陳勝과 吳廣의 난(亂)'이라고도 한다. **게간이기(揭竿而起)**의 고사성어(故事成語)가 이렇게 유래(由來)되었다.

四面楚歌 四面楚歌

사면초가

사방(四方)에 초(楚)나라 노랫소리, 궁지(窮地)에 빠진 것을 비유(比喩)한 말이다. 사면초가(四面楚歌)는 항우(項羽)와 유방(劉邦)의 싸움에서 비롯된 고사성어(故事成語)이다.

고사 (故事 이야기)

진(秦)나라 2세 황제(二世皇帝)의 가혹(苛酷)한 정치(政治)를 더 이상(以上) 견디지 못한 백성(百姓)들은 전국 (全國) 각 지역(各 地域)에서 秦을 향(向)한 대항(對抗)을 시작(始作)하였다. 이 틈을 타서 진(秦)에 의해 멸망(滅亡)한 전국시대(戰國時代) 6국(六國)인 초(楚), 제(齊), 연(燕), 위(魏), 한(韓), 조(趙) 등 제후국(諸侯國) 출신(出身)의 귀족(貴族)들도 秦에 對抗하기 爲해 세력(勢力)을 키우기 시작(始作)하였다. 이러한 움직임에 불을 붙인 것은 기원 전(紀元 前) 209年에 일어난 陳勝과 吳廣의 반란(叛亂)이었다. 陳勝과 吳廣의 반란(叛亂), 中國 最初의 叛亂, 中國 最初의 農民蜂起가 평정(平定)된 後에도 계속(繼續) 이어진 戰國時代 六國 貴族의 叛亂에서 항우(項羽)와 유방(劉邦)이 등장(登場)하는데, 이들은 처음부터 반란군(叛亂軍)의 지도자(指導者)는 아니었고, 장수(將帥)였다. 수많은 叛亂軍이 자신(自身)들의 세력(勢力)을 넓히고 있었으며, 그 반란 세력(叛亂 勢力) 가운데 두각(頭角)을 나타낸 두 인물(人物)이 바로 項羽와 劉邦이었다.

項羽는 전국시대(戰國時代) 초(楚)나라 귀족출신(貴族出身)의 장군(將軍)으로, 강직(剛直)하고 일편단심(一片丹心)의 성품(性品)을 가진 반면(反面), 劉邦은 농민출신(農民出身)

으로, 교활(狡猾)하고 여자(女子)를 밝혔다. 그러나 劉邦은 민심(民心)과 자신(自身)을 보좌(輔佐)할 인재(人才)에 신경(神經)을 썼다.

項羽는 거록(居鹿) 지금의 하북성(河北省) 평향(平鄉)에서 秦의 주력(主力) 부대(部隊)를 힘들게 대파(大破)하였다. 項羽는 포위(包圍)한 秦의 군대(軍隊)와 아홉 번을 싸워 모두 이겼으며, 이러한 項羽의 모습을 지켜본 제후(諸侯)들의 장수(將帥)들은 모두 項羽 앞에 무릎을 꿇었다. 그 뒤 各 諸侯의 軍隊는 모두 項羽의 지휘(指揮)를 따랐다. 項羽는 秦의 軍隊를 무찌르고, 秦의 내부(內部) 갈등을 이용(利用)하여 將帥 장한(張瀚)의 항복(降服)을 받아 내었으나, 秦의 병사(兵士)들이 복종(服從)하지 않는 것을 걱정한 項羽는 秦의 20만(萬) 명(名)에 달(達)하는 군사(軍士)를 모두 죽였다고 傳한다. 역사(歷史)는 승리자(勝利者)의 편이다.

반면(反面) 劉邦은 秦의 수도(首都) 함양(咸陽)을 쉽게 함락(陷落)기키고, 秦始皇이 남긴 재물(財物)과 秦始皇의 아방궁(阿房宮) 등에 빠져 그 자리에 안주(安住)하면서 호화(豪華) 생활(生活)을 누렸다.

秦나라는 결국(結局) 기원 전(紀元 前) 207年에 멸망(滅亡)하고 말았다. 項羽가 군대(軍隊)를 이끌고 함양(咸陽)에 도착(到着)한 후(後), 項羽는 咸陽에 남아 천하(天下) 통일(統一)의 기반(基盤)을 다져야 한다는 책사(策士) 범증(范增)의 말을 무시(無視)하고, 項羽 자기(自己)의 고향(故鄕)인 팽성(彭城)으로 **금의환향(錦衣還鄕)**하였고, 項羽는 자신(自身)을 '서초패왕(西楚覇王)'이라 자칭(自稱)했다. 즉 楚나라를 재건(再建)한 것이다. 그리고 秦을 멸망(滅亡)시키는데 공(功)이 있는 장수(將帥)들을 각 지역(各 地域)의 제후(諸侯)로 임명(任命)했다. 이때 項羽는 劉邦을 한왕(漢王)으로 봉(奉)했다. 그러나 將帥들을 諸侯로 任命하는 과정(過程)이 불공평(不公平)하다며 불만(不滿)을 품은 장수가 많았다.

얼마 안 가서 초(楚)나라 서초(西楚)에 대항(對抗)하는 군대(軍隊)가 잇달았고, 劉邦도 서초(西楚)를 공격(攻擊)하였다. 서초패왕(西楚霸王) 항우(項羽)와 한왕(漢王) 유방(劉邦)은 천하(天下)를 다투기 爲해, 紀元 前 206年을 始作으로 5년 가까이 전투(戰鬪)를 하였다. 이를 초한전쟁(楚漢戰爭)이라 한다. 項羽는 전쟁(戰爭)에서 승리(勝利)를 거두었지만, 계속(繼續)되는 싸움에 군사(軍士)들은 지칠 대로 지쳐 있었고, 물자보급(物資補給)도 어려움을 겪고 있었으며, 項羽에게 불만(不滿)을 품은 諸侯들도 項羽에게 등을 돌려 劉邦에게 가면서 정치적(政治的)으로 어려움에 처(處)했다. 特히 본래(本來) 項羽의 밑에 있었던 명장(名將) 한신(韓信)과 진평(陳平) 등도 모두 項羽를 배신(背信)하고 劉邦에게 가면서 項

羽는 인재관리(人才管理)에 있어서도 실패(失敗)를 하게 된다. 그러므로 項羽는 自身의 핵심(核心) 참모(參謀)였던 범증(范增)까지도 불신(不信)하면서 실책(失策)을 거듭하였다.

項羽와 劉邦이 싸운 지 4년째 되던 해 가을에 이르러 쌍방(雙方)은 지칠 대로 지쳐, 홍구(鴻溝)의 동쪽을 項羽의 초(楚)나라, 서쪽을 劉邦의 한(漢)나라 영토(嶺土)로 하고, 項羽가 인질(人質)로 잡고 있던 劉邦의 가족(家族)들을 풀어주는 조건(條件)으로 휴전협정(休戰協定)을 맺었다. 項羽는 약속(約束)대로 동쪽으로 철수(撤收)하기 시작(始作)하였지만, 劉邦은 장량(張良)과 진평(陳平)의 계책(計策)에 따라 협정(協定)을 위반(違反)하고 項羽軍을 추격(追擊)하였다. 紀元 前 202年 12月에 項羽는 군사(軍士) 10만(萬)을 이끌고 해하(垓下 : 현 안휘성에 위치)에 진(陣)을 치고 한군[漢軍 : 한나라의 군대(軍隊)]과 또 다시 대치(對峙)할 수밖에 없었다. 名將 한신(韓信)은 30萬 군사(軍士)로 項羽의 군대(軍隊)를 여러 겹으로 포위(包圍)하였다. 한편 項羽의 軍隊에서는 군량(軍糧)이 거의 바닥이 나고, 軍士들의 사기도 떨어졌고, 병사(兵士)들이 달아나기 시작(始作)하였다. 韓信은 楚나라 출신(出身)의 兵士들을 골라 楚나라 노래를 부르게 하면서, 項羽에 향한 심리전(心理戰)을 펼쳤다. 한밤중에 漢나라 軍士들이 사방(四方)에서 楚나라 노래를 부르기 始作하자, 項羽는 애첩(愛妾) 우희(虞姬)를 불러 함께 술을 마시며, 답답한 심정(心情)을 한 편의 시(詩)로 표현(表現)했다. **사면초가(四面楚歌)**는 여기에서 유래(由來)된 고사성어(故事成語)이다.

힘은 산을 뽑을 수 있고, 기개는 온 세상을 덮을 만하건만(力拔山兮氣蓋世)

시운(時運)이 불리(不利)하여 오추마[검푸른 털에 하얀 털이 섞인 말, 항우의 애마(愛馬 : 사랑하는 말)]도 나아가지 않네(時不利兮騅不逝)

오추마가 나아가지 않으니 어찌할까(騅不逝兮可奈何)

우희여! 우희여! 당신을 어찌할까(虞兮虞兮奈若何)

그날 밤 項羽는 愛妾인 우희(虞姬)와 결별(訣別)하고, 부하(部下) 8백여(百餘) 명(名)을 이끌고 漢의 포위망(包圍網)을 뚫고 탈출(脫出)하였으나, 도중(途中)에 길을 잃자, 한 농부(農夫)에게 길을 물었는데, 農夫는 고의(故意)인지 잘못 가르쳐 주어서 劉邦이 보낸 연합군(聯合軍) 5천(千)의 기병(騎兵)에게 추격(追擊) 당했다. 項羽는 살아남았지만, 項羽의 軍士는 기마병(騎馬兵) 28名만 살아남았다. 劉邦軍士의 追擊으로 項羽는 끝내 오강(烏江) 지금의 안휘성(安徽省) 화현(和縣)에 이르러 劉邦의 軍士에게 포위(包圍)되어 자살(自殺), 스스로 목숨을 끊고 만다.

四面楚歌는 세계적(世界的)으로 권위(權威) 있는 중국(中國) 역사 서적(歷史 書籍)인 사마천(司馬遷)의 《사기(史記)·항우본기(項羽本紀)》에 나오는데, 四方에서 楚나라 노랫소리가 들려왔다는 歷史 記錄에서 '四面楚歌'가 由來된다. 《사기(史記)》에서 項羽를 군왕(君王)을 다루는 본기(本紀)에 수록(收錄)한 것을 通해, 사마천(司馬遷)은 項羽를 군왕(君王)으로 보았음을 알 수 있다.

項羽와 虞姬의 사랑이야기를 다룬 그 유명한 패왕별희(**霸王別姬** : 패왕이 애첩을 떠나다)란 제목(題目)의 전통극(傳統劇)이 전(傳)하고 있으며, 오늘날까지 사람들의 사랑을 받으며, 공연(公演)되어 지고 있다.

錦衣還鄉

금의환향

비단(緋緞) 옷을 입고 고향(故鄕)으로 돌아온다는 뜻. 타향(他鄕)에서 출세(出世)를 하여 故鄕으로 돌아옴을 비유(比喩)한 말. 금의환향(錦衣還鄕)은 항우(項羽)에서 나온 고사성어(故事成語)이다.

고사 (故事 이야기)

항우(項羽)와 유방(劉邦), 즉 초(楚)와 한(漢)의 전쟁(戰爭)이 한창일 때, 항우(項羽)는 진시황(秦始皇)의 나라 진(秦)의 도읍(都邑), 당시(當時)에 천하(天下)의 요새(要塞)인 함양(咸陽)을 버리고, 보잘것없는 자신(自身)의 고향(故鄕)인 팽성(彭城)으로 돌아가서 그곳을 초(楚)의 都邑으로 정(定)하려 했다. 그의 신하(臣下)들은 項羽가 咸陽을 떠나 보잘것없는 팽성(彭城)을 都邑으로 定하려고 하자 모두 할 말을 잃었다. 한생(韓生)이 咸陽에 머물 것을 계속(繼續) 주장(主張)하자, 項羽는 "지금 저잣거리에는 '부귀(富貴)하여 고향(故鄕)에 돌아가지 않으면, 비단(緋緞) 옷을 입고 밤길을 가는 것과 무엇이 다르리!'라는 노래가 항간(巷間)에 떠돌고 있다."고 하면서 화(火)를 냈고, 한생(韓生)을 기름 끓는 가마솥에 넣어 죽이고 말았다는 이야기가 전(傳)한다. 사실(事實) '역사(歷史)의 기록(記錄)'은 승자(勝者) 편에서 記錄되기 때문에 歷史 記錄을 모두 그대로 믿을 수는 없다.

事實 巷間에 떠도는 이 노래는 項羽가 當時 天下의 要塞 咸陽에 있는 한, 劉邦이 승리(勝利)할 수 없다는 것을 우려(憂慮)한 장량(張良)이 項羽를 咸陽에서 떠나게 하려고 퍼뜨린 노래인 것이다.

결국(結局) 項羽는 '금의환향(錦衣還鄕)'하여 그의 업적(業績)을 故鄕 사람들에게 널리 알리기는 하였으나, 咸陽을 차지한 劉邦과의 대결(對決)에서 여러 불리(不利)한 상황(狀況)에서 참패(慘敗)하여 천하(天下)를 잃고 만다.

三顧草廬 三顧草廬

삼고초려

누추(陋醜)한 초가(草家 : 볏짚, 밀짚, 갈대로 엮어 지붕을 만든 집)집을 세 번 방문(訪問)하다. 유능(有能)한 인재(人才)를 맞아들이기 위(爲)하여 인내심(忍耐心)을 가지고 참을성 있게 노력(努力)하는 것을 비유(比喩)한 말이다. 유비(劉備)가 제갈량(諸葛亮), 즉 제갈공명(諸葛孔明)을 모시기 爲해, 諸葛亮의 草廬를 세 번 訪問하여, 諸葛亮을 얻은 고사성어(故事成語)이다.

고사 (故事 이야기)

유방(劉邦)의 나라 漢나라(紀元 前 202年~西紀 220年)는 420餘年 동안 전한(前漢)과 후한(後漢)으로 나뉜다. 후한(後漢) 말엽(末葉), 유비(劉備)는 관우(關羽), 장비(張飛)와 의형제(義兄弟)를 맺고 한실(漢室)의 부흥(復興)을 爲해 군사(軍事)를 일으켰으나, 성공(成功)하지 못하고 여기저기 전전하며 허송세월(虛送歲月)을 보내다가 형주자사(荊州刺史) 유표(劉表)에게 의지(依支)하는 신세(身世)가 된다. 유능(有能)한 참모(參謀)가 절실(切實)히 필요(必要)한 劉備는 사람들을 통(通)해서 남양(南陽)에 은거(隱居)하고 있는 제갈량(諸葛亮)의 존재(存在)를 알게 되어, 關羽, 張飛와 함께 예물(禮物), 즉 선물(膳物)을 싣고 초라한 諸葛亮의 草家집을 세 번이나 訪問한 끝에, 그를 군사[軍師 : 군사작전(軍事作戰)을 짜는 사람. 책략(策略)과 수단(手段)을 잘 꾸미는 사람]로 모시게 된다. 그때 諸葛亮이 나이는 27세(歲), 劉備의 나이는 47세(歲)였다. 劉備가 諸葛亮을 세 번 訪問한 것에서 '삼고초려(三顧草廬)', 또는 '삼고모려(三顧茅廬)'라는 故事成語가 由來된다. 이 말은 諸葛亮이 첫 북벌(北伐)을 나서기 이전(以前), 그의 〈출사표(出師表)〉에서 나온다.

한 왕조(漢 王朝)는 '황건(黃巾)의 난(難)'을 계기(契機)로 천하(天下)는 촉한(蜀漢)의 유비(劉備), 위(魏)의 조조(曹操), 오(吳)의 손권(孫權)으로 서로 대치(對峙)되는 '삼국시대(三國時代)'에 접어든다. 三國時代의 역사(歷史)는 비록 짧지만, 그 유명(有名)한 《삼국지(三國志)》라는 소설(小說)을 通해 우리에게 잘 알려져 있듯이, 결국(結局) 魏나라 조조(曹操)가 '역사(歷史)의 승리자(勝利者)'가 된다.

魏나라 曹操가 먼저 중원지역(中原地域), 당시(當時) 중국영토(中國嶺土)의 절반(折半)을 차지하였고, 吳나라의 손권(孫權)과 유비(劉備)는 中國의 남쪽 地域에서, 孫權은 동쪽, 劉備는 서쪽[현 사천지역(現 四川 地域)]을 각각(各各) 차지하였다. 魏, 吳, 蜀漢의 嶺土 비율(比率)은 대략(大略) 6:2:1 정도(程度)였다.

일각(一角)에서는《삼국지(三國志)》, 이 소설책(小說冊)은 魏나라가 아닌 蜀나라 劉備의 나라 입장(立場)에서 서술(敍述)한 것이기 때문에, 歷史의 勝利者이자 문학가(文學家)인 魏나라 조조(曹操) 보다 蜀나라 유비(劉備)의 인품(人品)을 더 좋게 묘사(描寫)하고 있다고 한다. 아무튼 劉備에게는 신의(信義)로 유명(有名)한 관우(關羽)와 힘이 장사(壯士)인 장비(張飛) 義兄弟가 있었고, 또 '**삼고초려(三顧草廬)**' 하여 탁월(卓越)한 지혜(智慧)와 전략(戰略)으로 유명(有名)한 군사(軍事) 전략가(戰略家)이자 정치가(政治家)이며, 철학가(哲學家)인 제갈량[諸葛亮 : 181-234, 산동성인(山東省人)]을 얻어, 그의 권고(勸告)로 孫權과 연합(聯合)하여 曹操를 대항(對抗)하였고, 승리(勝利)를 거둔 바가 있는데, 이 전쟁(戰爭)이 바로 그 유명(有名)한 '적벽대전(赤壁之戰)'이다. 諸葛亮의 자(字)가 공명(孔明)이라 그를 또 제갈공명(諸葛孔明)이라 한다. 아쉽게도 諸葛亮는 234년 북벌전쟁(北伐戰爭) 中, 군영(軍營)에서 죽고 만다. 그는 별자리를 볼 줄 알았기 때문에 하늘에서 떨어지는 별을 보고 자신(自身)의 운(運)이 다한 것을 예측(豫測)했다고 한다.

塞翁之馬 塞翁之馬

새옹지마

인간(人間) 만사(萬事) **새옹지마(塞翁之馬)**. 변방(邊防) 요새지(要塞地)에 있는 노인(老人)의 말(馬). 인생(人生)의 길흉화복(吉凶禍福)은 변화(變化)가 많기 때문에 예측(豫測)이 어렵다는 뜻이다.

고사 (故事 이야기)

국경(國境) 근처(近處)에 점(占)을 잘 치는 한 노인(老人)이 살았는데, 어느 날, 그의 말이 까닭도 없이 오랑캐 땅으로 도망(逃亡)을 쳤다. 주변(周邊) 사람들이 그를 위로(慰勞)하자 老人은 "이것이 무슨 복(福)이 될는지 어찌 알겠소?"라고 말했다. 몇 달이 지난 이후, 오랑캐 땅으로 逃亡 간 말이 오랑캐의 준마(駿馬)를 데리고 돌아왔다. 사람들이 축하(祝賀)하자, 老人이 말했다. "그것이 무슨 화(火)가 될지 어찌 알겠소?" 평소(平素) 말 타기를 좋아한 老人의 아들이 그 駿馬을 타고 달리다가 말에서 떨어져 다리가 부러졌다. 사람들이 모두 그 老人을 慰勞하자. 老人은 또 "이것이 혹시(或是) 복(福)이 될지 어찌 알겠소?"라고 말했다.

1年이 지난 後, 오랑캐들이 대거(大擧) 요새(要塞)로 쳐들어오자 장정(壯丁)들은 활을 들고 싸움터에 나갔고, 邊防 近處의 사람들은 열에 아홉이 죽었다. 그러나 老人의 아들은 다리가 온전하지 않는 까닭에 부자(父子)가 모두 싸움터에 나가지 않았고 무사(無事)할 수 있었다.

螢雪之功 螢雪之功

형설지공

개똥벌레 반디의 반딧불과 하얀 눈빛으로 성공(成功)했다는 뜻. 가난하고 어려운 환경(環境) 속에서 고생(苦生)하면서 꾸준히 공부하여 얻어진 보람을 이르는 말.

고사 (故事 이야기)

진(晋)나라의 차윤(車胤)은 어릴 때부터 열심(熱心)히 공부(工夫)를 했으나, 집안이 가난하여 밤에 독서(讀書)를 하려고 해도 등잔(燈盞)불을 킬 기름을 살 돈이 없었다. 그래서 여름에는 반디를 잡아서 만든 천 주머니에 넣어, 반딧불로 讀書를 한 결과(結果), 그는 관직(官職)에 나가게 되었고, 상서랑(尙書郎)까지 오르게 된다.

진(晋)나라의 손강(孫康)도 역시 집안이 가난해서 燈盞불 기름을 살 돈이 없어, 창(窗)가에 쌓인 하얀 눈에서 반사(反射)되는 빛을 빌려 讀書를 한 結果, 그 역시 어사대부(御史大夫)의 官職까지 올랐다. 후세(後世) 사람들은 이러한 일을 형설지공(螢雪之功)이라고 하였고, 형설지공(螢雪之功)은 차윤(車胤)이 반딧불로, 손강(孫康)이 눈에서 반사되는 빛으로 각각(各各) 독서(讀書)를 한 고사(故事), 이야기에서 비롯되었다.

愚公移山 愚公移山

우공이산

어리석은 한 영감이 山을 옮긴다는 뜻. 어떤 일이든 꾸준하게 열심(熱心)히 하면 이룰 수 있음을 比喩한 故事成語이다.

고사 (故事 이야기)

나이가 90에 가까이 되는 어리석은 영감, 우공(愚公)이 왕래(往來)가 불편(不便)한 두 山을 대대(代代)로 옮기려고 하자, 그의 정성(精誠)에 감동(感動)한 옥황상제(玉皇上帝)가 山을 옮겨 주었다는 이야기에서 由來된 故事成語이다.

畵龍點睛

畵龍點睛	畵龍點睛		

화룡점정

용(龍)을 그리고 눈동자를 찍다. 가장 중요(重要)한 부분(部分)을 완성(完成)시키는 것을 比喩하는 말이다.

고사 (故事 이야기)

유방(劉邦)의 나라 한(漢)나라, 삼국시대(三國時代), 위·진(魏·晋)을 거쳐 남북조시대(南北朝時代)에 남조시대(南朝時代) 양(梁)나라의 장승요(張僧繇)가 금릉(金陵)에 있는 안락사(安樂寺) 벽(壁)에 네 마리 용(龍)를 그렸다. 그런데 龍 눈동자를 그리지 않았고, "눈동자를 그리면 용(龍)이 날아가 버린다."고 말했다. 어떤 사람이 그 말을 믿을 수 없어, 호기심(好奇心)에 龍 한 마리에 눈동자를 그려 넣자, 갑자기 천둥 번개가 치더니 壁이 깨지고, 눈동자를 그린 龍이 구름을 타고 하늘로 날아가 버렸다는 고사(故事)에서 비롯된 故事成語이다.

日就月將

日就月將	日就月將		

일취월장

날로 달로 발전(發展)하고 성장(成長)하고 진보(進步)한다는 뜻.

改過遷善

改過遷善	改過遷善		

개과천선

과실(過失), 과오(過誤)를 고치고, 선(善)하게 착하게 된다는 뜻.

有備無患

有備無患	有備無患		

유비무환

미리 준비(準備)하여 걱정, 재난(災難)을 없게 한다는 뜻.

公私多忙	公私多忙		

공사다망

공적(公的)이든 사적(私的)이든 매우 바쁘다는 뜻.

一字千金	一字千金		

일자천금

글자 하나에 천금(千金)의 가치(價值)가 있다는 뜻. 훌륭한 글씨나 문장(文章)을 이르는 말.

溫故知新	溫故知新		

온고지신

옛것을 익혀 미루어 새로운 것을 안다는 뜻.

聞一知十	聞一知十		

문일지십

하나를 들으면 미루어 열 개를 안다는 뜻.

家和萬事成	家和萬事成		

가화만사성

집 안이 화목(和睦)하면 모든 일이 잘된다는 뜻.

竹馬故友	竹馬故友		

죽마고우

긴 대나무를 말로 삼아 타면서 놀던 옛 벗. 어린 시절(時節)부터 같이 놀면서 친(親)하게 지내온 벗을 뜻함.

刎頸之交	刎頸之交		

문경지교

목을 베는 사귐. 생사(生死)를 함께 할 수 있는 사이.

靑出於藍	靑出於藍		

청출어람

청색(靑色)은 남색(藍色)에서 나온다는 뜻. 쪽에서 뽑아 낸 푸른 물감이 쪽 보다 더 푸르다는 뜻. 즉 제자(弟子)가 스승보다 더 뛰어남을 비유(比喩)한 말.

騎虎之勢	騎虎之勢		

기호지세

호랑이를 타고 달리는 기세(氣勢). 하던 일을 중도(中途)에 멈출 수 없는 경우를 比喩한 말.

破竹之勢	破竹之勢		

파죽지세

대나무를 때려 부수는 기세(氣勢). 적(敵)을 거침없이 물리치고 쳐들어가는 당당(堂堂)한 氣勢를 比喩한 말.

結草報恩	結草報恩		

결초보은

풀을 묶어 은혜(恩惠)에 보답(報答)한다는 뜻. 죽어서도 잊지 않고 은혜(恩惠)를 갚는다는 뜻.

君子三樂 君子三樂

군자삼락

군자(君子)의 세 가지 즐거움. 君子는 세 가지 즐거움이 있다. 부모(父母)님이 생존(生存)해 계시고 형제(兄弟)들이 무고(無故)한 것이 첫 번째 즐거움이요, 하늘을 우러러 부끄러움이 없고, 사람들에게도 부끄러움이 없는 것이 두 번째 즐거움이요, 천하(天下)의 영재(英才)들을 가르치는 것이 세 번째 즐거움이다. 맹자(孟子)의 말씀에 나온다.

蝸角之爭 蝸角之爭

와각지쟁

달팽이 뿔의 다툼. 즉 달팽이 뿔에서 다투다. 세상(世上)일을 달팽이 뿔 위에서 다투는 것과 같이 사소함을 比喩하는 말.

井底之蛙 井底之蛙

정저지와

우물 밑에 개구리. 식견(識見)이 좁고, 편견(偏見)에 사로잡혀 넓은 세상(世上)을 모르는 사람을 比喩한 말.

朝令暮改 朝令暮改

조령모개

아침에 명령(命令)을 내렸다가 저녁에 다시 명령을 바꿈. 법령(法令)이나 계획(計劃), 결정(決定) 따위를 자꾸 바꾸어 갈피를 잡지 못함을 比喩한 말.

九死一生 九死一生

구사일생

아홉 번 죽을 번하다가 한 번 살아남다. 여러 차례 죽을 고비를 겪고 겨우 살아남을 比喩한 말.

實用漢字 09

한국인에게 중국어학습의 지름길 : 한자어 활용 452

우리말에는, 근대 서양문명의 도입과 함께 영어식 외래어가 출현하기에 앞서, 천 년 넘게 사용되어왔던 한자 어휘가 아직도 많이 남아 있는데, 우리말 어휘의 약 70%를 차지하고 있다. 예외적인 경우도 있지만 대부분의 한자어는 중국 현대 표준말에서 사용하고 있는 낱말과 같다. 그러므로 중국어학습에 있어, 우선 어휘의 개념자체를 힘겹게 외울 필요가 없다. 예를 들면, '학교'라는 낱말은 중국어에도 '학교'이며. 단지 음이 다르고 한자 '學校'로 나타내주면 된다. 다시 말하면, 이러한 중국어 어휘는 한자쓰기와 음만 익히면 끝난다. 때문에, 외국어 학습에서 가장 어려운 단어습득은 수월할 수밖에 없다. 설령 발음을 익히지 못하더라도, 중국어 낱말과 우리 한자어의 관계를 인지한다면 한자어로서 일정한 필담(筆談)을 나눌 수 있다. 중국어의 낱말과 우리 한자어의 관계는, 452개의 한자어 예를 중심으로 다음 몇 유형으로 살펴볼 수 있으며, 한자는 우리와 대만에서 사용하고 있는 번체자를 사용했다.

유형1 : 완전히 일치하는 경우(고유명사 제외)

이러한 어휘는 명사가 대부분을 차지하는데, 중국어의 동사와 형용사는 자체적으로 2개의 품사를 갖는 것이 허다하다. 한 단어가 명사와 동사, 명사와 형용사 등 이중 품사를 갖는다. 예를 들면, 중국어 '登山'은 우리말 '등산'인 명사도 되고 '등산하다'인 동사도 된다.

父母 : 부모	父親 : 부친	母親 : 모친	兄弟 : 형제	姊妹 : 자매
男子 : 남자	女子 : 여자	女人 : 여인	醫師 : 의사	教師 : 교사
學生 : 학생	軍人 : 군인	海軍 : 해군	陸軍 : 육군	空軍 : 공군
勞動者 : 노동자	職員 : 직원	先生 : 선생	銀行 : 은행	商店 : 상점
學校 : 학교	教室 : 교실	桌子 : 탁자	椅子 : 의자	鉛筆 : 연필
粉筆 : 분필	燈 : 등	消防隊 : 소방대	(大)門 : (대)문	校門 : 교문
前門 : 전문	後門 : 후문	山 : 산	江 : 강	大海 : 대해
天空 : 천공	地上 : 지상	空中 : 공중	中間 : 중간	左右 : 좌우
左側 : 좌측	右側 : 우측	身體 : 신체	胃 : 위	腸 : 장

心臟 : 심장	腎臟 : 신장	肝臟 : 간장	膀胱 : 방광	大腸 : 대장
頂上 : 정상	登山 : 등산(하다)	步行 : 보행(하다)	行人 : 행인	人道 : 인도
車道 : 차도	公園 : 공원	海邊 : 해변	時間 : 시간	眼鏡 : 안경
手巾 : 수건	風景 : 풍경	觀察 : 관찰(하다)	觀光 : 관광(하다)	換錢 : 환전(하다)
旅行(社) : 여행(사)	道路 : 도로	建築(物) : 건축(물)	一層 : 1층	圖書館 : 도서관
運動 : 운동(하다)	運動場 : 운동장	體操 : 체조	國民 : 국민	人民 : 인민
葡萄 : 포도	菓子 : 과자	樹木 : 수목	長壽 : 장수	生日 : 생일
愉快 : 유쾌(하다)	交通 : 교통	中國 : 중국	韓國 : 한국	日本 : 일본
美國 : 미국	英國 : 영국	高級 : 고급	初級 : 초급	中級 : 중급
生活 : 생활(하다)	活動 : 활동(하다)	人間 : 인간	動物 : 동물	植物 : 식물
食物 : 식물	生物 : 생물	非常 : 비상	飛翔 : 비상	發展 : 발전(하다)
珍品 : 진품	關係 : 관계	親善 : 친선	歌手 : 가수	樂團 : 악단
作家 : 작가	作詞 : 작사(하다)	作曲 : 작곡(하다)	文學 : 문학	文化 : 문화
風俗 : 풍속	習慣 : 습관	學習 : 학습(하다)	國語 : 국어	國家 : 국가
愛國歌 : 애국가	國土 : 국토	土地 : 토지	武力 : 무력	武器 : 무기
戰爭 : 전쟁	核 : 핵	手術 : 수술	手續 : 수속	紀念 : 기념
數學 : 수학	倫理 : 윤리	音樂 : 음악	美術 : 미술	體育 : 체육
化學 : 화학	物理 : 물리	理論 : 이론	實習 : 실습(하다)	實習生 : 실습생
歷史 : 역사	地理 : 지리	留學 : 유학(하다)	儒學 : 유학	圖表 : 도표
地圖 : 지도	指導 : 지도(하다)	姨母 : 이모	姑母 : 고모	瓷器 : 자기
自己 : 자기	簡單 : 간단(하다)	普通 : 보통	一般 : 일반	保存 : 보존(하다)
警察 : 경찰	孔子 : 공자	孟子 : 맹자	老子 : 노자	資本 : 자본
社會 : 사회	板本 : 판본	板權 : 판권	所有者 : 소유자	果木 : 과목
科目 : 과목	海岸 : 해안	體力 : 체력	氣溫 : 기온	溫度 : 온도
氣候 : 기후	季節 : 계절	四方 : 사방	熱(心) : 열(심)	國外 : 국외
國內 : 국내	海外 : 해외	觀念 : 관념	概念 : 개념	生命 : 생명
價值 : 가치	萬一 : 만일	創造 : 창조(하다)	創立 : 창립(하다)	冒險 : 모험(하다)
探險 : 탐험(하다)	派遣 : 파견(하다)	立場 : 입장	入場 : 입장(하다)	色彩 : 색채
光彩 : 광채	鑛泉 : 광천	溫泉 : 온천	內部 : 내부	外部 : 외부
婦女 : 부녀	婦人 : 부인	(大)丈夫 : (대)장부	治療 : 치료(하다)	病院 : 병원
醫院 : 의원	退院 : 퇴원(하다)	退職 : 퇴직(하다)	休息 : 휴식(하다)	調査 : 조사(하다)
檢査 : 검사(하다)	統一 : 통일(하다)	分裂 : 분열(하다)	人事 : 인사	事件 : 사건
摩擦 : 마찰(하다)	按摩 : 안마(하다)	模樣 : 모양	姿勢 : 자세	仔細 : 자세(히)
清潔 : 청결(하다)	衛生 : 위생	大便 : 대변(보다)	小便 : 소변(보다)	乾燥 : 건조(하다)
食堂 : 식당	飮食 : 음식	消化 : 소화(되다)	湖水 : 호수	游覽 : 유람(하다)

起床 : 기상(하다)	睡眠 : 수면	氣象臺 : 기상대	報導 : 보도(하다)	參觀 : 참관(하다)
晩餐 : 만찬	早飯 : 조반	粥 : 죽	愛人 : 애인	黃昏 : 황혼
親戚 : 친척	叔父 : 숙부	伯父 : 백부	政府 : 정부	行政 : 행정
外交(官) : 외교(관)	大使(館) : 대사(관)	領事(館) : 영사(관)	教授 : 교수(하다)	小說 : 소설
學費 : 학비	費用 : 비용	比較 : 비교(하다)	所得 : 소득	海關 : 해관
足球 : 족구	排球 : 배구	散步 : 산보(하다)	選手 : 선수	選擇 : 선택(하다)
教育 : 교육(하다)	交流 : 교류(하다)	復習 : 복습(하다)	預習 : 예습(하다)	團體 : 단체
電話 : 전화	錄音機 : 녹음기	機械 : 기계	手工 : 수공	工藝品 : 공예품
藝術(家) : 예술가	舞蹈會 : 무도회	印象 : 인상	書籍 : 서적	家庭 : 가정
日常 : 일상	用品 : 용품	商品 : 상품	生產 : 생산(하다)	品質 : 품질
記者 : 기자	報告 : 보고(하다)	實驗 : 실험(하다)	大學(生) : 대학(생)	買賣 : 매매
頭痛 : 두통	病 : 병	爬虫類 : 파충류	鳥類 : 조류	潮流 : 조류
火山 : 화산	市場 : 시장	市長 : 시장	部長 : 부장	養育 : 양육(하다)
漁夫 : 어부	農夫 : 농부	農村 : 농촌	都市 : 도시	市民 : 시민
雨傘 : 우산	陽傘 : 양산	太陽 : 태양	地下(道) : 지하(도)	地上 : 지상
車庫 : 차고	皇帝 : 황제	皇后 : 황후	陛下 : 폐하	殿下 : 전하
宮殿 : 궁전	宮女 : 궁녀	朝廷 : 조정	調整 : 조정(하다)	人口 : 인구
冷水 : 냉수	冷麪 : 냉면	溫水 : 온수	倉庫 : 창고	不便 : 불편(하다)
參加 : 참가(하다)	活動 : 활동(하다)	金錢 : 금전	音樂 : 음악	健康 : 건강(하다)
校長 : 교장	郊外 : 교외	乘客 : 승객	顧客 : 고객	一切 : 일절
辭典 : 사전	字典 : 자전	自傳 : 자전	自轉 : 자전(하다)	强盜 : 강도
辯護 : 변호(하다)	乾杯 : 건배(하다)	當然 : 당연(하다)	藍色 : 남색	皮膚 : 피부
衣服 : 의복	許多 : 허다(하다)	生產 : 생산(하다)	考試 : 고시	容易 : 용이(하다)
進步 : 진보(하다)	進展 : 진전	收穫 : 수확(하다)	豐富 : 풍부(하다)	聰明 : 총명(하다)
世界 : 세계	考慮 : 고려(하다)	經驗 : 경험(하다)	成功 : 성공(하다)	目的 : 목적
精神 : 정신	意思 : 의사	正義 : 정의	意義 : 의의	道理 : 도리
機會 : 기회	研究 : 연구(하다)	研究所 : 연구소	討論 : 토논(하다)	演出 : 연출(하다)
劇場 : 극장	取消 : 취소(하다)	兼職 : 겸직(하다)	計劃 : 계획(하다)	充實 : 충실(하다)
郵票 : 우표	雜志 : 잡지	車票 : 차표	親切 : 친절(하다)	錄音 : 녹음(하다)
日程 : 일정	按排 : 안배(하다)	環境 : 환경	廚房 : 주방	成人 : 성인
老人 : 노인	兒童 : 아동			

유형2. 단어에서 글자의 위치가 바뀌는 경우(글자의 도치)

이러한 어휘는 희소하다.

語言(어언) : 언어(言語)	命運(명운) : 운명(運命)	介紹(개소) : 소개(紹介)하다	牙齒(아치) : 치아(齒牙)	演出 : 연출(하다)

유형3. 같은 단어지만 우리말과 중국말에서의 의미가 다른 경우

이러한 어휘 역시 드물다. 우리말 풀이 우측 위첨자의 '중'은 중국어, '한'은 한국어에서의 의미를 뜻한다. 즉 괄호 안은 우리말 뜻, 괄호 밖의 풀이는 중국어 뜻.

點心 : 간식[중](점심[한])	飯店 : 호텔[중](반점[한])	快樂 : 즐겁다[중](쾌락[한])	汽車 : 자동차[중](기차[한])
新聞 : news(신문)	愛人 : 애인, 중국에선 부부간의 칭호.(애인)	學院 : 단과대학(학원)	研究所 : 연구소, 대학원(연구소)
研究生 : 대학원생	認識 : 알다(인식하다)	小心 : 조심하다(소심하다)	人家 : 자신 또는 남을 지칭함(인가)
買賣 : 장사(매매)	活動 : 행사(활동하다)	文章 : 글(문장)	作業 : 숙제(작업)
告訴 : 알리다(고소하다)	顏色 : 색깔(안색)	地方 : 곳(지방)	出席 : 참석하다(출석하다)

유형4. 완전 일치하지는 않으나 일부 한자가 같은 경우

窗戶(창호) : 창문(窗門)	黑板(흑판) : 칠판(漆板)	飯桌(반탁) : 식탁(食桌)	中餐(중찬) : 중식(中食)
中午(중오) : 정오(正午)	上午(상오) : 오전(午前)	下午(하오) : 오후(午後)	韓國飯(한국반) : 한식(韓食)
放假(방가) : 방학(放學)	放學(방학) : 방과(放課)	飛機(비기) : 비행기(飛行機)	在校生(재교생) : 재학생(在學生)
舞蹈(무도) : 무용(舞踊)	牙痛(아통) : 치통(齒痛)	感冒(감모) : 감기(感氣)	病人(병인) : 환자(患者)
樂隊(악대) : 악단(樂團)	熱水(열수) : 따뜻한 물(온수)	水桶(수통) : 물통	飯桶(반통) : 밥통
大人(대인) : 어른(대인)	地鐵(지철) : 지할철(地下鐵)	遲到(지도) : 지각(遲刻)	郵局(우국) : 우체국(郵遞局)
身高(신고) : 키(身長)	發現(발현) : 발견(發見)		

유형5. 순수 우리말 어휘의 한자사용.

중국어에서는 거의 단음절사로 이루어지는 낱말이다.

人 : 사람(사람 인)	花 : 꽃(꽃 화)	書 : 책(쓸 서)	魚 : 생선(고기 어)	火 : 불, 화(불 화)
水 : 물(물 수)	雨 : 비(비 우)	風 : 바람(바람 풍)	天 : 하늘(하늘 천)	地 : 땅(땅 지)
肉 : 고기(고기 육)	來 : 오다(올 래)	去 : 가다(갈 거)	看 : 보다(볼 간)	有 : 있다(있을 유)
飛 : 날다(날 비)	大 : 크다(클 대)	小 : 작다(작을 소)	重 : 무겁다 (무거울 중)	輕 : 가볍다 (가벼울 경)
痛 : 아프다 (아플 통)	多 : 많다(많을 다)	少 : 적다(적을 소)	買 : 구매하다 (살 매)	賣 : 팔다(팔 매)
養 : 기르다 (기를 양)	好 : 좋다(좋을 호)	高 : 높다(높을 고)	熱 : 덥다(더울 열)	冷 : 춥다(찰 냉)
貴 : 비싸다 (귀할 귀)	賤 : 저렴하다 (천할 천)	錢 : 돈(돈 전)	學 : 배우다 (배울 학)	

저/자/소/개

왕 옥 지

- 경남대학교 중어중문학과 졸업
- 성균관대학교 대학원 중어중문학과 석사졸업
- 전남대학교 대학원 중어중문학과 박사졸업
- 현 동명대학교 부교수

[주요 논저]

- 《蒙古字韻》연구(1997, 박사학위논문)
- 論八思巴文字對中韓兩國的價值(2000)
- 중국어 발음교육 방법 연구(2001)
- 《蒙古字韻》音系性質研究(2004)
- 漢字의 새로운 教育方法 考察 – 한자어교육의 효율성(2004)
- 元代韻書의 價値 및 出現背景 考察(2006)
- 元이후 《蒙古字韻》·《古今韻會擧要》의 韓中 音韻學的 價値研究(2006)
- 元代 八思巴字의 正統性 考察(2006)
- 《蒙古字韻》과 《東國正韻》의 관계연구(1)(2007)
- 中國의 表音文字에 대한 深層考察(2012)
- 파스파문자와 한글의 음소 결합적 특성연구(2013)
- 韻書史上 宋元代의 時代的 價値와 정확한 認識(2016)
- 중화권 여우커를 위한 한국관광지 스토리텔링(2016)
- 한반도 사드배치 결정에 따른 중국 여우커(游客)의 한국 유입실태 및 전망고찰(2018)
- 八思巴字 百家姓에 대한 심층고찰(2019)
- 《洪武正韻》과 《蒙古字韻》의 관계연구(2020)

- 중국의 혼, 傳統文化本質의 이해(1999)
- 漢語의 基本知識과 中國聲韻學의 새로운 展開(1999)
- 중급중국어(1999)
- 기초중국어(2002)
- 중국어작문연습(2004)
- 만리장성 중국어정복: 입문편(2009)
- 만리장성 중국어정복: 초중급편(2009)
- 불변의 나라 중국(2010)
- 21세기 논어의 세계(2013)
- 만리장성중국어1(2013)
- 만리장성중국어2(2013)
- 만리장성중국어3(2013)

21C 실용한자의 세계

-21C 실용한자의 길잡이-

초판인쇄 | 2021년 2월 19일
초판발행 | 2021년 2월 25일

저　　자 | 왕옥지
발 행 인 | 이성범
발 행 처 | 문운당
주　　소 | 서울시 종로구 혜화로5길 16 (명륜1가 45-3)
전　　화 | (02)762-6010
팩　　스 | 영업 (02)745-0265 / 편집 (02)762-8758
홈페이지 | http://munundang.co.kr
이 메 일 | 영업 munun2@chol.com
　　　　　편집 munundang@naver.com

ISBN　979-11-5692-531-6　93710

* 저자와의 협의에 의하여 인지를 생략합니다.

정가 17,000원